O Segredo da
SOMBRA

Debbie Ford

O Segredo da
SOMBRA

*Na sua própria história,
o Amor, a Felicidade e o Sucesso
que você deseja*

Tradução
ROSANE ALBERT

EDITORA CULTRIX
São Paulo

O primeiro número à esquerda indica a edição, ou reedição, desta obra. A primeira dezena à direita indica o ano em que esta edição, ou reedição, foi publicada.

Edição	Ano
1-2-3-4-5-6-7-8-9-10-11	04-05-06-07-08-09-10

Direitos de tradução para o Brasil
adquiridos com exclusividade pela
EDITORA PENSAMENTO-CULTRIX LTDA.
Rua Dr. Mário Vicente, 368 — 04270-000 — São Paulo, SP
Fone: 6166-9000 — Fax: 6166-9008
E-mail: pensamento@cultrix.com.br
http://www.pensamento-cultrix.com.br
que se reserva a propriedade literária desta tradução.

Impresso em nossas oficinas gráficas.

Ao meu querido segundo pai, Howard J. Fuerst, M.D.
Que presente maravilhoso eu recebi quando você entrou na minha vida.
Muito obrigada por todo o cuidado, amor e brilho que trouxe para a
minha família, para o mundo e para mim.
Saiba que a sua falta é muito sentida.

Sumário

Capítulo 1

VOCÊ E A SUA HISTÓRIA

Suponha que você soubesse, no momento em que nasceu, que era um mestre, poderosíssimo, possuidor de dons extraordinários, cuja entrega ao mundo só dependesse da sua vontade. Imagine que você veio ao mundo com o coração repleto do poder de cura do amor e com o único desejo de distribuir esse amor a todos os que estivessem à sua volta. Suponha que você contasse com a habilidade inata de criar e de ter tudo o que quisesse e aquilo de que precisasse. Será que, em algum momento da sua vida, você percebeu que não havia ninguém no mundo igual a você? E que, em cada fibra do seu ser, chegou a descobrir que não só possuía a luz do mundo, mas que você era a luz do mundo? Será que alguma vez você soube, no mais íntimo do seu ser, quem você era e alegrou-se com os seus dons? Pare por um momento agora e veja se consegue se lembrar do tempo em que conhecia a verdade sobre si mesmo.

Então, alguma coisa aconteceu. Seu mundo se transformou. Alguma coisa ou alguém lançou uma sombra sobre a sua luz. Desse momento em diante você teve medo. Sentiu que, se não escondesse o seu dom sagrado, ele poderia ser ameaçado, agredido ou, até mesmo, arrancado de você. Bem no fundo, você sabia que esse dom era como uma criança preciosa e inocente que cabia a você proteger. Assim, você fez o que um bom pai faria: escondeu toda a sua grandeza no recôndito mais profundo do seu ser, para que ninguém jamais pudesse descobri-la e tirá-la de você. Então, com a criatividade de toda criança, você a disfarçou. Criou uma representação, uma *persona*, um drama, uma história tal que tornasse impossível a qualquer pessoa desconfiar que você era o guardião de tanta luz. Você foi muito esperto — verdadeiramente brilhante — ao esconder o seu segredo. Você só não convenceu os outros de que não era nada daquilo, como também se convenceu — todo esse esforço por ser um bom pai para o dom que carregava. Tratava-se do seu segredo, mais profundo e obscuro, que só você conhecia. Sua criatividade era suficiente para que manifestasse exatamente o oposto daquilo que você era, de tal forma que pudesse se proteger daqueles que tivessem raiva de seus dons inatos ou se sentissem incomodados por eles.

Mas, depois de dias, meses e anos escondendo o seu precioso tesouro, você começou a acreditar na história que criara para os outros. Transformou-se na pessoa que você criara para proteger o seu segredo. Nesse instante você se esqueceu de que, em primeiro lugar, havia enterrado o tesouro de seus preciosos dons. Você não somente esqueceu o lugar onde o escondeu, mas esqueceu-se completamente de que o havia escondido. Luz, amor, grandeza e beleza, tudo o que era seu perdeu-se na sua história e você se esqueceu de que tinha um segredo.

Daí em diante, sentiu-se perdido, sozinho, isolado e assustado. De repente, deu-se conta de que estava faltando alguma coisa — e estava. A dor de estar separado de seu tesouro era como a perda do seu melhor amigo. Intimamente, você ansiava pela volta do seu verdadeiro eu e, assim, começou a busca por algo fora de si mesmo que pudesse preencher aquele vazio e o fizesse se sentir melhor. Você cuidou dos relacionamentos, das outras pessoas, de suas conquistas e retribuições, procurando encontrar o que lhe estava faltando. Cuidou do seu corpo e da sua conta bancária, tentando reaver aquele sentimento. Talvez, como eu, você fosse levado por um sentimento de desvalorização tão profundo que o fez passar a maior parte da vida buscando freneticamente por alguma coisa que o completasse. Mas, por mais que procurasse, você sempre se sentia inútil.

Quando eu tinha cinco anos, também me sentia familiarizada com aquela voz soando dentro de mim, dizendo-me que eu não era suficientemente boa, que eu não era amada e que eu não fazia parte do meu meio. Desesperada, querendo me sentir aceita e amada, lancei-me à exaustiva tarefa de conseguir que outras pessoas confirmassem o meu valor. No fundo, eu acreditava que havia algo de errado comigo, e não media esforços para esconder minhas falhas. Rapidamente, aprendi como encantar as pessoas, abrindo o meu maior sorriso para que elas me notassem. Eu pensava que, se fosse mais talentosa do que minha irmã mais velha, ou mais esperta do que meu irmão mais velho, eu realmente passaria a fazer parte da família, que me sentiria completa com todo o amor e a aceitação pelos quais eu ansiava. Eu achava que, se eles me amassem o bastante, eu não teria mais de ouvir os pensamentos terríveis que ocupavam a minha mente, nem seria obrigada a enfrentar os sentimentos dolorosos que consumiam o meu pequeno corpo.

Com o passar dos anos, eu me tornei hábil em descobrir meios de esconder a minha dor, tanto de mim mesma quanto dos outros. Quando não conseguia encontrar ninguém que me desse valor ou que me aprovasse, eu me esgueirava pela rua para o mercado mais próximo e comprava um pacote de *brownies* e uma garrafa de Coca-Cola. Aquela dose de açúcar parecia resolver o problema. Mas, aos doze anos, minha dor era muito grande para ser escondida: sentia-me muito alta, muito desajeitada e muito burra. Eu tinha inveja das meninas que pareciam tão ajustadas, que vestiam roupas apropriadas e faziam parte das famílias certas. Durante anos chorei todos os dias, tentando aliviar a dor interna que me consumia. Minhas lágrimas de tristeza tiveram sempre a mesma mensagem: "Por que ninguém me ama? O que há de errado comigo? Por favor, será que ninguém quer me *ajudar*?"

Então, para tornar a situação ainda pior, num sábado à tarde, quando eu tinha doze anos, minha mãe informou a mim e a meu irmão que, enquanto estávamos na praia, meu pai saíra de casa. O casamento deles havia terminado e eles estavam se divorciando. O desmoronamento da minha família acrescentou ao meu medo já tão entranhado o sentimento de ter sido despedaçada, machucada e muito maltratada. O divórcio de meus pais desencadeou toda a dor que eu represara e, num instante, todos os sentimentos ruins que eu julgava ter sob controle jorraram para fora de mim. Minha dor era tão avassaladora que, para entorpecê-la, eu me voltei para as drogas, o cigarro e amigos que levavam uma vida desregrada, tentando desesperadamente me ajustar de alguma forma e conseguir o amor e a segurança que eu não conseguira encontrar na minha família ou em mim mesma.

Lutando para encontrar algum sentido no vazio que eu sentia dentro de mim, decidi que o sucesso era definitivamente o meu bilhete de passagem para a liberdade. Comecei a trabalhar com treze anos e aos dezenove já possuía a minha primeira loja. Eu estava sempre atenta ao que estava na moda e gostava de criar novidades em roupas femininas. O fato de me vestir bem sempre me fez sentir melhor comigo mesma, pois eu tinha a impressão de que podia esconder a minha vergonha, nem que fosse por um só dia, se estivesse usando uma roupa que agradasse a todos. Eu me esforçava para ter o visual mais audacioso, arrojado, e que seguisse as mais recentes tendências; só assim eu realmente sentiria que estava fazendo parte de alguma coisa. Eu era bem-sucedida em todos os aspectos exteriores: tinha o carro certo, as roupas certas e o que eu considerava como o grupo certo de amigos. Chegara finalmente à condição de membro do grupo mais influente da comunidade; mas, apesar do meu sucesso e de todos os meus amigos, eu me sentia perdida e incrivelmente solitária. Não importava o quanto eu alcançasse no mundo exterior, parecia que eu não conseguia me livrar daquela voz que me dizia que eu nunca significaria nada e que a minha vida realmente não tinha a menor importância. No silêncio da noite, meu desespero me esmagava, e eu me sentia fracassada, pequena, insignificante e dolorosamente sozinha.

Lidar com a insanidade da minha mente tornou-se um emprego de tempo integral. No começo, tentei silenciar o ruído constante que soava dentro de mim mergulhando em drogas. Eu estava hipnotizada pelo meu contínuo diálogo interno, pelas inúmeras vezes que eu repetira a história de como eu jamais conseguiria, como eu nunca teria o amor, a segurança e a paz interior que eu tanto desejava. Essa voz ocupava todos os espaços da minha mente, noite e dia, criticando cada movimento meu e sabotando a minha busca por sucesso e felicidade. Eu tinha pensado que, se me mantivesse suficientemente ocupada, se comesse tantos *brownies*, tomasse medicamentos em quantidade ou acumulasse roupas e carros, eu poderia me erguer do poço de desespero e desesperança que sempre parecia surgir diante de mim depois de um momento de alegria. Mas isso tudo não funcionou. A fita que tocava na minha cabeça só parecia aumentar de volume, mostrando-me os meus erros e reforçando as limitações que eu me impusera. Essa voz me repreendia continuamente, insistindo que eu não era digna de ser amada e que eu seria sempre uma pessoa sozinha. Finalmente, exausta, eu me rendia ao meu tirano interior, dizendo: "Está certo, você venceu." Ia, então, à procura de um pacote de confeitos de chocolate, de um cigarro ou de um tranqüilizante, de qualquer coisa que momentaneamente acalmasse a minha angústia. Mas não levava muito tempo até que o sentimento de auto-abominação voltasse e a história que descrevia o quanto eu era horrível recomeçasse do ponto em que parara.

Aos vinte, vinte e poucos anos, acrescentei os homens à minha prescrição para alívio da dor. Infelizmente, meus relacionamentos com homens acabavam sempre como tiros que saíam pela culatra. Começavam lá no alto, com a promessa de salvação, e acabavam tão baixo que me deixavam num abismo ainda mais profundo. Nesse meio-tempo, meu excesso no consumo de drogas chegara a um ponto que eu sabia que não viveria muito mais se continuasse naquele caminho. Passei anos entrando e saindo de centros de tratamento antidrogas, tentando endireitar a minha vida. Até que um dia, já no quarto centro de tratamento, participando de mais uma sessão de terapia de grupo, tive uma revelação repentina. Enquanto eu me sentava ali, ouvindo todas aquelas pessoas compartilhando sua dor, eu ficara enfeitiçada pelas suas palavras. À medida que outros membros do meu grupo partilhavam com os companheiros suas experiências e tribulações, suas falhas e desapontamentos, eu ouvia um tema comum — uma linha de narrativa — brotando da boca de cada pessoa. Eu estava espantada pela forma como cada um estava comprometido com seu doloroso drama individual e de como eles estavam certos de que suas histórias representavam a verdade, a mais completa verdade e nada além da verdade. Eu vi pessoas do meu grupo sacrificarem o amor a fim de honrar as histórias negativas que contaram sobre suas vidas e para continuarem fiéis a elas. Vi outras pessoas agarrando-se às suas sagas miseráveis como se o fizessem por sua amada existência, tentando nos convencer de como suas histórias eram terríveis e verdadeiras. Alguns sentiam orgulho do que contavam, como se suas lutas e sacrifícios os tivessem levado a um patamar superior ao que o restante de nós ocupava. Outros estavam embebidos em seu farisaísmo pela mera virtude conferida pela profundidade do seu sofrimento. De repente, num rasgo de clarividência, eu fui capaz de ouvir alguma coisa que estava por trás da saga de cada pessoa: *Suas histórias eram apenas aquilo — histórias —, narrativas ficcionais cuja repetição era uma distração para disfarçar uma verdade mais profunda.*

Eu me lembro muito bem de uma sessão do grupo em especial. Jessica era uma moça de vinte e oito anos, loira, bonita, mas cujas linhas do rosto puxavam sua expressão para baixo, demonstrando amargura e frustração. Ela começou a sessão daquele dia recitando dramaticamente a mesma história que já nos tinha contado nas últimas oito ou nove semanas. Era mais ou menos assim: "Minha mãe não me ama, meu pai me abandonou quando eu tinha três anos, meu namorado não sabe quem eu sou..." Eu permanecia lá, sentada, desejando arrancar os cabelos de frustração; simplesmente eu não estava conseguindo agüentar aquela mesma história nem por mais um minuto. Ela soava como um disco quebrado, tocando sem parar a mesma música ruim. Pensei até que ela poderia, no mínimo, mudar o tom. Eu queria me levantar e berrar: "Livre-se da sua história! Você ainda não percebeu? Não consegue perceber que está contando a si mesma uma história que vai acabar sempre do mesmo jeito?!" Eu queria tanto que Jessica enxergasse que ela estava se mantendo presa ao seu conto sem saída. Mas evidentemente eu estava contida pelas limitações daquilo que, agora sei, era a minha *própria* história, que me dizia: "Você não sabe nada; não sabe do que está falando; por isso fique sentadinha no seu lugar e conserve a boca fechada." Obedecendo a essa voz, eu me encolhia de volta na minha cadeira e mergulhava ainda mais profundamente na minha própria história. O meu silêncio era a maior prova de que a minha história tinha um poder total sobre mim.

Já que eu não conseguia ouvir a choramingação de Jessica nem por mais um instante, eu me desligava dela e voltava a minha atenção totalmente para mim mesma. À medida que a voz de Jessica ia soando cada vez mais longe, eu começava a ouvir o meu diálogo interior: "Ninguém me ama. Não posso fazer isso. Nunca serei feliz. Sou muito magrela e feia. Minha vida não tem significado", e a negação de sempre: "Ninguém se importa comigo." Enquanto eu estava ali sentada, percebi de repente que, como Jessica, eu também estava repetindo indefinidamente o mesmo diálogo interior, recitando uma versão da minha vida que eu já ouvira antes um milhão de vezes. Fiquei chocada quando descobri que a linha de narrativa da minha história não era muito diferente da de Jessica; só que ela falava em voz alta. Enquanto ficava ali ouvindo a mim mesma, eu escutava o tema da minha história como se fosse um mantra soando na minha mente: "Pobre de mim, pobre de mim, pobre de mim." Então, tudo ficou claro e eu percebi a verdade: "Meu Deus, a minha vida também não passa de uma história."

Até esse dia, sentada no centro de terapia em West Palm Beach, Flórida, eu tinha estado entorpecida, mergulhada na minha história. Tinha deixado que ela dirigisse a minha vida sem o meu conhecimento. Tudo o que eu fizera fora coerente com a minha história e limitado por ela, e minhas ações eram tentativas desesperadas para tornar a prisão da minha história um pouco melhor, um pouco mais palatável, um pouco menos intolerável. Eu estava sempre fazendo um pequeno ajuste — um namorado novo, outro emprego, um corte de cabelo diferente — na tentativa de enterrar a minha dor e esconder a "evidência" da minha inadequação. Eu confundira tanto a minha história com a realidade que fazer todas essas mudanças era como reagrupar as cadeiras no convés do *Titanic*: o navio estava afundando enquanto eu, cega para a realidade da situação, ficava ocupada tentando dar uma boa impressão e, assim, me sentir melhor, enquanto tudo ia por água abaixo.

Finalmente, me ocorreu que deveria haver mais para mim além da história que eu contava para mim mesma. Exatamente como eu tinha percebido que Jessica, mesmo presa à sua história, era mais do que se julgava, percebi que eu também deveria ser mais do que meus pensamentos negativos me diziam que eu era. E naquele momento eu me rendi ao fato de que, apesar de ter passado inconscientemente anos da minha vida tentando pôr em ordem a minha história, eu não fora capaz disso. Na verdade, ela era uma parte de mim, mas certamente não era a totalidade do meu ser. Apesar de eu não ter nenhum indício sobre o que estava por trás da minha história, naquele dia eu me dispus a empreender uma jornada para compreender por que eu havia criado essa história e a que propósito ela servia.

Passei os dez anos seguintes examinando não só a minha própria história mas a de outras pessoas também. Nesse percurso, aprendi três coisas importantes: primeiro, nós criamos nossas histórias de vida na tentativa de nos tornarmos alguém ou alguma coisa. Segundo, nossas histórias contêm a chave para o único propósito da nossa vida e para a sua realização. E, terceiro, escondido nas sombras da nossa história está um segredo muito especial; uma vez revelado esse segredo, ficaremos admirados com a grandeza da nossa própria humanidade.

A HISTÓRIA, O TEMA E AS SOMBRAS

Nossas histórias têm um propósito. Mesmo que estabeleçam nossas limitações, elas também nos ajudam a definir quem somos, para não nos sentirmos tão completamente perdidos no mundo. Viver dentro delas é como estar dentro de uma cápsula translúcida. As paredes finas e transparentes são como uma concha que nos mantém presos dentro dela. Mesmo que a gente consiga olhar para o lado de fora e enxergar o mundo à nossa volta, estamos presos em segurança do lado de dentro, à vontade no terreno que nos é familiar, atados pelo conhecimento íntimo de que, não importa o que venhamos a fazer, pensar ou dizer, não podemos ir adiante. Nossas histórias nos separam e estabelecem fronteiras entre nós, os outros e o mundo. Elas limitam as nossas capacidades e liquidam as nossas possibilidades. Nossas histórias nos mantêm à parte, mesmo quando imploramos por pertencer a algo ou nos ajustar a algum meio. Elas esgotam a nossa energia vital, deixando-nos cansados, vazios e sem esperança. A previsibilidade de nossas histórias alimenta a nossa resignação e garante o nosso destino. Quando vivemos dentro de nossas histórias, acabamos por nos engajar em hábitos repetitivos, comportamentos corrompidos e diálogos interiores que só nos desgastam.

Como todas as boas histórias, nossos dramas pessoais sempre têm um tema, que se repete indefinidamente por toda a nossa vida. Para interpretarmos nossos temas singulares, basta que prestemos uma atenção cuidadosa às conclusões a que chegamos sobre os acontecimentos de nossas vidas. Essas conclusões moldam a nossa existência e dirigem as nossas personalidades. Nossas conclusões tornam-se as nossas *convicções sombrias*, as crenças inconscientes que controlam nossos pensamentos, palavras e comportamentos. Elas é que estabelecem os nossos limites. Elas nos dizem quanto amor, felicidade e sucesso merecemos ou não. Elas dão forma ao nosso modo de pensar e definem os nossos limites pessoais. Vestindo o disfarce da verdade, nossas convicções sombrias nos tiram a possibilidade de auto-expressão e esmagam os nossos sonhos. Mas o que é importante perceber é que as convicções sombrias contêm a sabedoria de que necessitamos para ir além das nossas limitações e da nossa insatisfação. Elas nos motivam a compensar nossos insucessos e nos levam a nos transformar no oposto daquilo que tínhamos dito a nós mesmos que éramos. Nossas convicções sombrias nos levam a provar que temos valor, que podemos ser amados e que somos importantes. Mas, quando as deixamos abandonadas, elas se voltam contra nós e sabotam as coisas que mais desejamos simplesmente deixando que suas mensagens negativas limitem a nossa vida.

POR QUE VOCÊ "PRECISA" DA SUA HISTÓRIA

Permanecemos envoltos na nossa história — seguros dentro de nossas cápsulas —, assim podemos nos prender ao conforto do que já conhecemos e repousar na segurança e nos sentimentos familiares que nos são transmitidos por estar em casa. Quando a vida fica difícil e começamos a nos deparar com nossas limitações ou com a decepção por viver abaixo dos padrões que nos impusemos, no mínimo podemos contar com uma coisa: a previsibilidade de nossas histórias. Elas nos dão alguma coisa e alguém com quem nos identificar. A pior coisa para um ser humano é sentir-se um "nada", que nossas vidas e nossa própria existência como indivíduo não têm significado. A maioria prefere enfrentar o fato de ser considerada uma pessoa antipática e até desagradável a passar completamente despercebida. Assim, na tentativa desesperada de dar um sentido à nossa vida, criamos e então repetimos nossa história; e conforme nos apegamos à pessoa que julgamos ser, perpetuamos nossos dramas. Então, gradativa e involuntariamente, nós nos tornamos os nossos dramas. Representamos as nossas histórias e as carregamos como medalhas de honra ao mérito. Ficamos investidos da tarefa de conservá-las vivas, e assim nos tornamos inconscientemente vítimas das histórias que criamos para proteger o nosso segredo: nós nos transformamos em vítimas da vida.

Quando reconhecemos que nos identificamos com as nossas histórias e não com o nosso eu mais amplo, profundo e verdadeiro, nosso primeiro impulso é o de descartar a história. Mas como nos *tornamos* as nossas histórias e permitimos que elas ditassem a extensão e o rumo de nossa vida, surge uma pergunta assustadora: se não somos a nossa história, quem somos nós? Fora de nossas histórias, a vida apresenta-se assustadora e incontrolável, cheira à imprevisibilidade e incerteza. Temos medo de que, se abandonarmos nossos dramas, acabaremos por perder a identidade e, qualquer que ele seja, o nosso lugar no mundo. Quem vai nos proteger? Quem vai nos amar? A que pertencemos? Essa é uma perspectiva devastadora para qualquer ser humano. O medo inconsciente que rege as nossas histórias é que, se renunciarmos à nossa identidade, se diminuirmos o nosso ritmo e mergulharmos no nosso íntimo, seremos devorados pelo vazio. Nossa resistência a não sermos nada, a não ter nada e a não ser ninguém está no núcleo da batalha do ser humano. Nosso pavor da não-existência é tão profundo que a maioria prefere firmar-se numa versão do seu eu conhecido numa nova embalagem a despertar mergulhada no vazio.

Passei a maior parte da vida lutando para ser "alguém", para ter um objetivo e uma vida que tivessem importância, ainda que no decorrer dos anos minha procura espiritual tenha me ensinado que, para eu ser livre, para ser a mulher especial e única que sou, é preciso abraçar a grandeza da minha Divindade e a insignificância da minha humanidade. É preciso que eu aceite o fato de que sou tudo e nada.

Meu rabino, Moshe Levin, contou-me certa vez uma história que vem do Talmud. Pede-se a uma pessoa que escreva num pedaço de papel as palavras *Não sou nada além de poeira e cinzas*, que guarde o papel no bolso e medite a esse respeito. Pede-se a ela então que escreva em outro pedaço de papel *Todo o Universo foi criado para mim* e que o guarde no outro bolso. À medida que medita nas duas realidades ao mesmo tempo, ela percebe que ambas são verdadeiras.

Se observarmos a vida de uma perspectiva mais ampla, veremos que não passamos de meros pontinhos. Até que aceitemos nosso nada absoluto e nossa insignificância, passaremos a vida à caça da experiência de ser alguém. Mas, no momento em que nos rendermos ao fato de que somos tudo e nada — uma vez que aceitemos a história e, mais além, as sombras e a luz —, nos tornamos seres humanos completos e integrados, nos abrimos para um mundo além daquele que conhecemos. Podemos então ter a grande experiência de perceber que fazemos parte de todo o Universo e dele somos uma peça vital. Seremos capazes de nos maravilhar com a percepção de que o Universo todo foi criado apenas para nós, e alcançaremos a vastidão da nossa verdadeira essência.

Sei que para alguns esse pode ser um conceito de difícil aceitação, e que você pode não estar preparado para ele ou para ficar à vontade com ele; mas eu lhe prometo que, se você se conscientizar dessa idéia e a explorar, surgirá uma nova possibilidade. Quando você aceitar tanto vitórias quanto perdas, sua força e suas fraquezas, sua grandeza e seu nada, você vai se sentir seguro o suficiente para permitir que seu segredo Divino emerja. Somente retornando à sua condição de inteireza você sentirá que tem valor e que merece expressar a mais elevada verdade sobre si mesmo.

O FALSO EU

Nossas histórias são como velhos amigos. Mesmo que eles falem demais, ao menos sabemos com quem estamos lidando — uma alternativa menos ameaçadora do que começar um relacionamento com um grupo de estranhos. A maioria escolhe repetidamente o conforto daquilo que já conhece, permanecendo dentro de suas realidades limitadas para não enfrentar o terror do desconhecido. Mas fermentando sob a superfície está uma profunda insatisfação em relação ao *falso eu* que foi criado e à história que o acompanha. É neste ponto que a batalha começa. Essa insatisfação está sempre nos pressionando, sussurrando em nossos ouvidos: "Tem de haver algo além disso."

A fim de aceitar o que realmente somos em toda a sua extensão e empreender uma jornada além de nossas histórias limitadas para redescobrir nosso verdadeiro eu, precisamos, em primeiro lugar, encarar a verdade definitiva e, muitas vezes, a mais dolorosa realidade: nunca estivemos realmente afastados do que é Divino. Somos uma peça do quebra-cabeça Divino. Pode até parecer que estamos afastados ou podemos agir separadamente, e a maioria irá para o túmulo julgando que está isolada, só que a individualidade não passa de uma ilusão. É uma confusão dolorosa que nos mantém presos numa procura infindável por algo mais, melhor ou diferente daquilo que já temos. E essa procura é fútil, porque está baseada na conclusão equivocada de que somos de alguma forma "imperfeitos". No nosso isolamento, lutamos para criar versões melhores e maiores de nós mesmos, tentando desesperadamente consertar o que achamos que está quebrado. Abandonamos o nosso eu Divino e, freneticamente, tentamos firmar nosso ser na nossa própria identidade singular. Abandonamos o nosso eu Divino em troca da nossa auto-imagem. Mas esta — a identidade de que estamos à procura — não é o que somos; é o falso eu que criamos para definir a nós mesmos. Nosso falso eu é a principal personagem de nossas histórias, e acreditamos erroneamente que somos essa pessoa; mas trata-se da nossa *persona*, da imagem que criamos para dar a nós mesmos uma identidade nítida; e nossas histórias são tentativas desesperadas para dar um sentido à nossa existência, para definir o que não pode ser definido. A história de cada um é onde reside o seu falso eu. Nossos falsos eus são os heróis, as vítimas e os astros de nossas histórias. Eles conservam nossas histórias intactas e nos acalmam com um falso sentimento de previsibilidade e segurança.

SEPARADO DO DIVINO

Quando identificamos nossos falsos eus, no momento em que passamos a acreditar que somos a nossa história, escapamos das mãos do Divino e caímos na pequena ilusão do "eu" separado e sozinho. O jogo, então, começa — "Olhe para Mim; eu estou separado de Você", e nós nos empenhamos nele para conservar a ilusão de que estamos realmente separados e de que somos seres à parte. Mesmo que nos seja possível compreender intelectualmente, nesse ponto da nossa jornada espiritual, que somos todos um só, continuamos inconscientemente a lutar pela vida separada com que estamos familiarizados e a evitar a experiência da unicidade. Achamos que, se encararmos a verdade definitiva — se ficarmos frente a frente com nossa unicidade —, aquela singularidade a que nos prendíamos morrerá. Mas a nossa tarefa é enfrentar a verdade, porque viver dentro de nossas histórias e na ilusão da separação não é realmente viver; é um jogo sem fim de querer-temer e querer. É um jogo que não se pode vencer. O jogo do "Se ao menos": "*Se ao menos* eu fosse rico, famoso, saudável, mais esperto, mais sábio, mais rápido, mais astucioso ou mais jovem, eu seria capaz de vencer esse jogo e alcançar a felicidade que mereço." "*Se ao menos* eu conhecesse mais pessoas, tivesse um emprego melhor ou meu próprio negócio, eu teria tudo de que preciso e seria feliz." "*Quando* eu conseguir uma casa nova, um carro novo, uma outra namorada ou algumas roupas novas, vou me sentir muito bem." "Se *ao menos* eu fosse apreciado, respeitado, amado ou visto, eu satisfaria meus desejos mais profundos." Ou talvez o jogo se refira a livrar-se de algo. "*Se ao menos* eu não fosse tão egoísta, gordo, preguiçoso, estourado, amargo, cansado ou falido." "*Se ao menos* os meus filhos, o meu marido ou a minha mãe parassem de brigar." Ou, então, as grandes intenções: "Quando finalmente eu atingir o meu peso ideal ou encontrar o objetivo da minha vida, eu me sentirei feliz." É um jogo em que não há vencedores, é uma armadilha, é um labirinto sem fim e sem saída.

Trabalhamos noite e dia tentando manipular, criar estratégias e imaginar meios para vencer o jogo do "Se ao menos"... Mas ele vive dentro das nossas histórias, foi desenvolvido para nos manter ocupados e ativos e para nos dar um ponto de referência para nossa identidade individual. Mas, se estivermos dispostos a observar, veremos que esse jogo não passa de um engodo, escondendo o que é real, enterrando a nossa essência verdadeira. Para acabar essa luta, precisamos perceber que muito do que acreditamos sobre nós mesmos não passa de história. Para a maioria, trata-se de um conto que esvazia o poder. Criamos nossas histórias para nos dar uma identidade e proteger a parte sagrada da nossa verdadeira essência, e vamos precisar delas e do segredo que elas carregam para nos conduzir de volta à presença da nossa Divindade e revelar o propósito da nossa vida.

A ACEITAÇÃO DA SUA HISTÓRIA

Nossas histórias têm um propósito Divino. Elas são uma parte real e necessária da nossa evolução pessoal. Até que cheguemos a perceber a importância de nossas histórias, ficaremos presos no ciclo vicioso de tentar consertar partes de nós que não estão quebradas. Escondidas dentro do nosso drama pessoal, estão informações importantes, pérolas de sabedoria para serem extraídas e que detêm a chave para realizarmos nossas contribuições especiais para o mundo. Nossas histórias contêm os ingredientes exatos de que necessitamos para nos tornarmos as pessoas que sempre desejamos ser. Dentro de cada uma de nossas histórias está contida uma receita Divina para uma vida mais extraordinária.

O primeiro passo para descobrir a sua receita é perceber que você criou a sua história não apenas para se proteger, mas, inconscientemente, para juntar a sabedoria e a experiência necessárias a fim de descobrir qual é o propósito da sua vida. Você criou a sua história para aprender as lições que ela tinha para lhe ensinar. Você é como um grande *chef* que passou a vida na cozinha, cozinhando dor, alegria, triunfos e fracassos a fim de misturar os ingredientes necessários para manifestar o seu mais extraordinário eu. Mas a sua história — com todo o seu drama e toda a sua dor não-resolvida — esconde essa receita.

A maioria fica tão perturbada pelo drama de suas histórias que não se lembra mais de que havia um propósito Divino aqui. Ficamos tão comprometidos com a dor da nossa história pessoal e a pôr a culpa nos outros que nem sequer percebemos que toda a nossa dor tem um propósito. Isso precisa ser repetido: Toda a nossa dor tem um propósito! Está aqui para nos ensinar, guiar e nos dar a sabedoria de que precisamos para entregar nossas dádivas ao mundo. A maioria usa seus traumas e suas feridas para se punir, para permanecer na estagnação e não crescer. Mas quando examinamos a nossa dor e decepção e as usamos como instrumentos para o aprendizado, elas nos dão lições de vida sagradas que só nos podem ser ensinadas dessa maneira.

Você está aqui para contribuir com o seu sabor exclusivo e particular e para servir ao mundo de um jeito que só você pode fazer. Uma das professoras de jardim-de-infância do meu filho, a sra. Knight, demonstrou esse princípio para a sua classe. No primeiro dia de aula, ela dera a todos os alunos uma peça de quebra-cabeça com um número na parte de trás. À medida que ela chamava cada aluno pelo número, esse entregava sua peça e a sra. Knight a encaixava na posição correta na moldura que mantinha o quebra-cabeça unido. Havia vinte crianças e vinte peças. Quando finalmente a professora chamava o número vinte, era possível ver a figura completa, exceto que no dia em que estávamos lá ficou faltando uma peça, o que nos impediu de ver o quadro em toda a sua beleza. O garoto que tinha recebido a peça de número dezenove havia faltado e, para que a figura inteira se revelasse, a classe precisava de sua contribuição. Assim, a sra. Knight ilustrava de uma forma muito bonita como cada criança era importante para completar o todo.

Permaneci sentada em meio às minhas lágrimas, pensando sobre como cada um deles e todos representam uma contribuição vital para a humanidade como um todo. Cada um carrega uma peça importante para contribuir para o grande quadro da vida. Quando ficamos presos ao passado, detestando nossa vida, nossas histórias, a nós mesmos, fica impossível reivindicar a nossa peça do quebra-cabeça e colocá-la no lugar a que se destina. Até que façamos as pazes com as nossas histórias, é impossível para nós extrair os ingredientes de que precisamos para expressar nossos Divinos eus. A totalidade do nosso drama — cada uma de nossas experiências, as partes de nós mesmos que amamos e aquelas que detestamos — é o que faz da nossa uma peça única. Alguns ficaram com uma peça do meio do quebra-cabeça, outros com uma do fim, enquanto outros ficaram com a grande peça redonda. Não há outra peça do quebra-cabeça igual à sua. Nenhuma. Algumas até são parecidas, mas não são iguais. Sua contribuição pessoal e exclusiva jaz adormecida, esperando que você colha todas as experiências necessárias para completar a sua peça do quebra-cabeça. Todo dia você passa por experiências que lhe servem perfeitamente para reunir a sabedoria necessária para produzir a sua receita especial, a sua peça do quebra-cabeça.

O PROCESSO

O *Segredo da Sombra* vai guiá-lo para que você veja que "a sua história" não começa por definir quem você verdadeiramente é. Não passa de uma pequena parte de você que o mantém preso a padrões repetitivos e limita as cotas de amor, de paz interior e de sucesso que você pode receber. Para que você possa se ver por inteiro e ter uma visão da sua grandeza, é preciso que você saia da sua história. É isso que permite que ponhamos abaixo as paredes perfeitamente construídas que cercam nosso coração aberto. Para poder viver fora de nossas histórias, precisamos curar nossas feridas e fazer as pazes com o nosso passado. Precisamos desenterrar a dor e aceitar as fraquezas e imperfeições que acompanham a nossa humanidade. Até que entremos em acordo com quem somos e com a razão de estarmos aqui, e entendamos as formidáveis lições que a vida está nos ensinando, permaneceremos presos à insignificância de nossos dramas pessoais.

Para transcender a sua história, você precisa desejar experimentar a batalha diária da sua existência pessoal, porque você só terá a oportunidade de mudar de direção quando conseguir viver a sua vida exatamente como ela é. Para viver uma vida fora dos limites da sua história, você vai aprender, em primeiro lugar, a definir com clareza tudo o que o mantém isolado, encapsulado na sua história. Você irá desenvolver o desejo de entrar em acordo com tudo o que evita conhecer e aceitar com amor o nada que jaz dentro de você. Aprenderá a reconhecer todos os caminhos que experimenta para definir a si mesmo de maneira que ninguém o confunda com qualquer outra pessoa, os caminhos que você procura para completar a sua identidade, para que não tenha de sentir o vazio profundo, o vazio que repousa sob suas carências.

Este livro vai mostrar-lhe como usar a sua história; vai ensinar-lhe a valorizar traumas e insucessos, a alcançar a sabedoria gerada nas suas mágoas. Vai lhe ensinar o processo para extrair a sua receita exclusiva e desatar o segredo que permanece escondido no lado sombrio da sua história. É hora de explorar os caminhos para usar a sua história no enriquecimento da sua vida e da vida de outras pessoas — é por isso que você a tem. Mas você só será capaz de usá-la quando estiver pronto para caminhar fora da história intitulada "você".

Nos próximos capítulos você vai identificar todos os caminhos sem saída que percorreu buscando a realização e a felicidade. Sempre que procuramos cegamente por alguma coisa, precisamos parar para nos perguntar por que estamos fazendo isso; é o ponto em que encontraremos importantes pistas. Se estivermos em busca de amor, de atenção, de respeito ou de sucesso material, precisamos estar dispostos a ver que toda a nossa busca é uma tentativa para preencher algum vazio ou a falta de alguma coisa que reside no fundo do nosso ser. Precisamos saber como nossas estratégias para encontrar a satisfação falharam. Só então é possível ficar face a face com todas as formas pelas quais nos violentamos, com todos os lugares em que vendemos nossas almas enquanto tentávamos melhorar nossas histórias e nós mesmos.

O Segredo da Sombra trata da descoberta da sua essência verdadeira. Vai servir como guia que irá conduzi-lo de volta para casa — que você, no fundo, sabe que é o seu lugar. Na presença da sua verdadeira essência, livre da sua história, você vai se conhecer como a totalidade do Universo — tanto a insignificância do seu pequeno eu quanto a plenitude da sua humanidade. Ao caminhar fora da sua história, você irá descobrir que o "você" que sempre desejou ser não mora dentro dela. Uma vez do lado de fora, você vai perceber que a vida dos seus sonhos e a satisfação dos seus mais profundos desejos estão esperando por você. Nesse momento, você vai se sentir obrigado a compartilhar com o mundo o segredo que ficou escondido no lado sombrio da sua história, e então saberá como é estar no auge do seu mais glorioso eu.

PASSOS PARA A CURA

1. Comece comprando um diário lindo e lhe dê o título de: "A Grande e Misteriosa História do meu Eu." Comprometa-se a usar o diário como um lugar para anotar os sentimentos, pensamentos e percepções que vão surgir à medida que você for fazendo os exercícios descritos neste livro. Ao fazer os exercícios, tente não editar ou censurar o que sentir; em vez disso, permita a si mesmo expressar livremente tudo o que estiver na sua mente e no seu coração.

2. Escolha um momento em que possa ficar sozinho e fique à vontade. Crie um espaço livre de distrações e conserve o diário ao seu alcance. Feche os olhos e ao mesmo tempo inspire vagarosa e profundamente algumas vezes, sentindo que, a cada inspiração, você mergulha cada vez mais fundo dentro de si mesmo. Deixe-se relaxar completamente, não se mexa e dedique os minutos seguintes ao crescimento espiritual e à descoberta de si mesmo. Respire ainda uma vez lenta e profundamente e deixe que a sua percepção repouse calmamente na área do seu coração. Conforme for respirando, sinta-se ligado com o seu ser mais íntimo — o seu aspecto essencial que tem estado com você em cada momento da vida.

Imagine que está assistindo a um filme da sua vida. Veja a si mesmo no dia em que nasceu; observe o rosto daqueles que cuidaram de você enquanto era um bebê. Imagine-se nos seus primeiros anos de vida, aprendendo a andar e a falar. Lembre-se da sua época na escola, vendo os rostos e ouvindo as vozes daqueles que o tocaram — positiva ou negativamente — durante seus anos de formação. Deixe que o filme continue a passar na tela da sua consciência e não deixe de lembrar e sentir seus amores, suas perdas, decepções, desafios e conquistas. Pode confiar que tudo o que vier à sua mente é perfeito. Respire profundamente à medida que vai refletindo sobre as inúmeras experiências que tem tido na sua vida terrena.

Considere que cada uma dessas experiências e qualquer um dos eventos da sua vida se desenrolaram em harmonia com um plano Divino. Abra-se para a possibilidade de que cada pessoa, evento e incidente foi levado à sua vida a fim de despertá-lo para a sua própria sabedoria. Reflita sobre a idéia de que você nasceu com uma contribuição exclusiva a fazer e que cada experiência da sua vida de alguma forma o tem treinado para entregar o seu dom especial para o mundo. Respire mais uma vez profundamente e, quando estiver pronto, lentamente abra os olhos e passe alguns minutos anotando no seu diário todo e qualquer pensamento ou sentimento presente em você.

3. Cada capítulo deste livro inclui uma reflexão — uma idéia para ser saboreada, ponderada e assimilada lentamente. Leve o tempo que for necessário — uma semana, até mesmo duas — e pense nas palavras de reflexão de cada capítulo.

Reflexão

*"Minha vida tem
um plano Divino."*

Capítulo 2

SUA RECEITA EXCLUSIVA

Na sua vida você provou a doçura do amor, o ácido desapontamento da perda, a amargura que fica depois de muitos rompimentos amorosos. Cada uma dessas experiências faz parte da sua receita exclusiva. Você não seria você sem elas. Quando compreendidas e incorporadas, essas experiências vão lhe dar tudo o de que você necessita — cada fração de sabedoria, visão e força — para viver o seu sonho mais completo.

O Universo em toda a sua perfeição conspira para nos dar exatamente aquilo de que precisamos para executar a nossa receita: toda a felicidade, infelicidade, carência, satisfação, vício, as aspirações, o trauma, o divórcio. Pense nas circunstâncias particulares que cercaram o nascimento de cada um de nós. Alguns nasceram negros, outros brancos, outros amarelos, outros multirraciais. Enquanto alguns foram mimados, outros foram negligenciados; uns apanharam e outros receberam carinhos. Alguns receberam tudo, outros não tiveram nada. Podemos pensar que recebemos um quinhão ruim da vida, mas tivemos o quinhão necessário para completar a receita. Cada experiência da nossa vida contribuiu com um ingrediente diferente e essencial para a receita intitulada "você".

Imagine que Deus é um *chef* de cozinha que deseja criar milhões de sobremesas diferentes para agradar e deliciar seus filhos. Em sua sabedoria ele sabe que são necessários muitos ingredientes diferentes para fazer tamanha festa. Sabe que um bolo feito apenas com açúcar não vai satisfazer ninguém; assim ele nos dá todos os ingredientes de que precisaríamos para nos tornar a mais deliciosa sobremesa. Toda a experiência de ganho e perda, prazer e dor, contribui com um ingrediente essencial. Cada um desses ingredientes está repleto de sabedoria e existe para nos ensinar, guiar e para nos dar informações vitais que vão nos servir de apoio para que nos tornemos a pessoa que mais desejamos ser.

A RECEITA CHAMADA DEBBIE FORD

Dentro da minha dolorosa e dramática história, descobri a receita perfeita para criar a Debbie que eu desejava ser. Minha lista de ingredientes começou com o fato de eu ser a mais nova de três irmãos, sendo que meu irmão e minha irmã não ficaram exatamente entusiasmados com a minha chegada. Na minha receita havia uma mistura da necessidade desesperada de ser amada e aceita e uma estrutura emocional extremamente sensível. Acrescido a essa condição existia o ruidoso diálogo interior que me martelava constantemente, insistindo na tecla de até que ponto eu não era querida nem capaz de inspirar amor. Mergulhada em treze anos de vício em drogas, pude aprender quão profunda pode ser a nossa escuridão e desenvolver um forte relacionamento com a impotência. Acrescente um pouco de aversão a si mesma e uma dose maciça de neurose. Misture uma grande quantidade de autodeterminação, de tal forma que me levou a devotar cinco anos da minha existência em busca de respostas para algumas das mais difíceis questões ligadas à vida. Junte a isso vinte e cinco anos de experiência considerando errados tudo e todos — o Deus errado, o Universo errado, meus pais errados — e assim eu saberia com certeza que tinha o poder de me fazer miserável para o resto da minha vida. Por último, acrescente uma pitada de arrogância e a crença de saber tudo e você terá a receita perfeita que me motivou a encontrar respostas de como poderia amar e aceitar todas as partes do meu ser.

Levei muitos anos para perceber que a minha missão de "consertar" o meu eu era uma tarefa infindável e ingrata, um abismo sem fim que me levava a lugar nenhum. Eu tinha acreditado verdadeiramente que me sentiria melhor assim que me livrasse de partes da minha receita que não me agradavam. Mas lutar sem sucesso contra as partes indesejadas levou-me a descobrir que eu não precisava me livrar de nada; em vez disso, eu precisava incorporar e aceitar tudo.

Percebi que, para me tornar o "eu" que sempre desejara, precisaria de todos os ingredientes que haviam entrado na minha massa. Precisaria de todas as experiências de fraqueza e força, de medo e coragem, de sucessos e fracassos. Enquanto continuasse tentando meter minha mão na massa para retirar alguns ingredientes não desejados — o meu trauma, a minha fraqueza, o meu eu duvidoso —, eu permaneceria uma massa crua de potenciais. Mas, se eu incorporasse todos os meus ingredientes, se os misturasse bem e apreciasse a contribuição exclusiva que eles formavam, finalmente seria capaz de reconhecer que tinha todos os elementos de um eu perfeito. Passei anos tentando me transformar em alguém diferente de mim mesma; assim, a idéia de que tudo o que tinha a fazer era *parar* de tentar ser algo que não era ficou totalmente clara. Cheguei à conclusão de que, para fazer o bolo perfeito, às vezes você precisa de um pouco de sal e de que, quando tenta compensar o amargo de sua massa acrescentando açúcar em grande quantidade, o bolo fica indigesto.

Cada um de nós vem a este mundo com uma missão particular, como se uma receita para a nossa mais completa satisfação estivesse escrita em nossas almas. Essa receita é diferente para cada um de nós; não há duas exatamente iguais. Para descobrir qual é a receita intitulada "você", é preciso que você perceba o que está dentro da sua massa.

Minha receita exigiu que eu esperasse trinta e oito anos para encontrar o homem perfeito para ser meu companheiro. Então me pediu para dar à luz a minha pessoa favorita em todo o Universo, somente para que eu visse o meu casamento desmoronar à minha frente. O ingrediente seguinte foi um divórcio inesperado que trouxe à tona toda a dor e o trauma causados pelo divórcio de meus pais. O medo esmagador de que eu não conseguiria superar isso sozinha acrescentou algum sabor bom, e assim eu pude reunir coragem e força para escrever o meu primeiro livro, *O Lado Sombrio dos Buscadores de Luz**. Todos aqueles traumas — ingredientes — deram-me disposição e sabedoria para cavar fundo a minha alma e produzir esse livro.

Nem em um milhão de anos eu teria descoberto que toda a minha dor e cegueira, todo o meu egoísmo e desejo sem fim de me sobressair no mundo estavam sendo misturados cuidadosamente para que eu fosse capaz de me encaminhar para a mais elevada versão do meu eu. Mas a receita

---

* Publicado pela Editora Cultrix, São Paulo, 2001.

perfeita da minha vida estava esperando para ser descoberta. Aprendi a confiar nos poderes que existem e cheguei à humilde convicção de que ninguém realmente sabe quais são as experiências de que precisamos para que possamos dar a nossa maior contribuição.

Ao fazer o que era necessário para resolver as minhas questões com meu ex-marido, eu estava inconscientemente juntando sabedoria e ingredientes essenciais para acrescentar à minha receita. Os preparativos para escrever o meu segundo livro, *Divórcio Espiritual**, forçaram-me a aumentar, expandir e assumir responsabilidades pela minha realidade, a despeito de qualquer coisa que o meu ex-marido — ou qualquer outra pessoa — estivesse fazendo com relação a esse assunto. Senti-me forçada a trilhar um caminho mais elevado e a perguntar a mim mesma: "Como posso amadurecer a partir desta situação? Como posso usar isso para me tornar o meu eu mais Divino?" Evidentemente, eu tinha outras opções: poderia odiar o meu sofrimento; ou cultivar minha autopiedade porque estava cheia de dor. Em vez disso, preferi procurar o tesouro escondido e dizer: "Ora, por que eu preciso passar por isso? O que posso tirar dessa situação? Com o que eu posso contribuir agora e que antes não seria possível se não tivesse tido essa experiência?" Eu vivi a vida perfeita para fazer o trabalho que faço; eu jamais poderia dar apoio a outras pessoas para que se recuperassem da dor e criassem a vida de seus sonhos se eu não tivesse feito isso antes.

UM BUFÊ DIVINO

Imagine que está olhando o índice do seu livro de receitas favorito e descobre diversas receitas para *apaixonado, satisfeito, próspero, seres humanos extraordinários*. Intrigado, você rapidamente procura as páginas indicadas para descobrir quais são os ingredientes necessários para fazer essas obras-primas e vê, na primeira página:

> Junte catorze traumas, quatro desilusões amorosas, uma mãe que amava demais, um pai que era emocionalmente inacessível e um marido infiel. Acrescente tudo isso ao fato de ser uma mulher sozinha com dois filhos. Adicione quatro porções extras de egoísmo, uma convicção sombria que diz: "Não sou suficientemente boa" e um ego que diz aos

---

* Publicado pela Editora Cultrix, São Paulo, 2003.

berros: "Vou provar a todos que eu *sou* suficientemente boa", e *voilà!* Está pronta Lynda, uma mulher de quarenta e quatro anos, completamente satisfeita com a sua posição de chefe do setor financeiro de uma companhia que vale dezessete milhões de dólares!

Ou tente esta:

Combine pais divorciados com irmãos gêmeos que atormentam você diariamente. Misture quatro anos de um mau casamento e um negócio muito bem-sucedido, seis anos de depressão e uma doença imuno-depressiva. Junte um diálogo interior barulhento, que o lembra a todo instante de que existe definitivamente algo errado com você. Guarneça com a crença profunda de que as coisas vão funcionar se você sofrer o suficiente. Polvilhe com paixão pela música e pelas artes, asse em fogo alto durante quarenta e três anos, e *presto!* Aí está Jeffrey, compositor de músicas e produtor de um programa infantil de televisão que ensina as crianças a serem boas umas com as outras.

Que tal experimentar esta outra:

Comece com um pai e uma mãe cheios de expectativas e uma grande necessidade de controlar cada um dos seus movimentos. Adicione uma dose reforçada de desajustamento, doze anos de batalha para tornar-se uma estudante perfeita, dezesseis vitórias surpreendentes e dezesseis experiências do vazio mais profundo. Acrescente duas tentativas de suicídio e quatro oportunidades malogradas. Salpique a mistura com amor por matemática e ciência e uma queda para sentir empatia pelos problemas alheios. Junte uma fé inabalável em Deus e misture com uma porção de realização pessoal. Congele por trinta e dois anos. Conheça Pam, uma psicóloga infantil que usa a abordagem holística em sua profissão.

É muito fácil ver como os seus atributos positivos contribuem para a sua receita exclusiva. Você provavelmente é capaz de apreciar de que forma seus talentos, aptidões naturais e sonhos infantis contribuíram para a sua vida e para a pessoa na qual se transformou. Mas os acontecimentos traumáticos — as experiências que deixaram marcas no seu íntimo — são igualmente uma parte importante da mistura que irá ajudá-lo a ser tudo o que você pode ser. A insegurança, o medo, a tragédia, a obsessão, relacionamentos desfeitos e incidentes vexatórios carregam pistas que estão conduzindo você ao seu eu mais grandioso. Misture-os todos muito bem, e eles vão lançá-lo dentro da contribuição especial que é você. Se aceitar todos os ingredientes da sua receita e permitir que eles façam parte da sua mistura, vai surgir do forno a pessoa que sua alma ardentemente deseja ser.

COMO USAR SEUS INGREDIENTES

A maioria das pessoas padece de um sofrimento infindável provocado pelas porções dolorosas e não desejadas de suas receitas, mas há algumas pessoas extraordinárias que escolhem usar o sofrimento para dar sua contribuição para o mundo. A morte de um filho é um dos piores ingredientes que alguém pode imaginar na sua receita, mas, e se o plano Divino para você inclui usar essa experiência para salvar a vida de milhares de outras crianças? John Walsh, o entrevistador do programa *America's Most Wanted*, fez exatamente isso. Depois que seu filho de seis anos, Adam, foi assassinado, John tornou-se um defensor dos direitos das vítimas e esclareceu um assunto que tinha ficado escondido do público durante anos. Não permitindo que a morte de seu filho fosse em vão, John transformou sua raiva em ação e estabeleceu um programa nacional para mandar para a prisão dezenas de milhares de criminosos e culpados de abuso sexual. John Walsh facilmente poderia ter escolhido ficar mergulhado em seu pesar anos a fio, mas em vez disso escolheu usar seu sofrimento para dar sua contribuição ao mundo.

Identificado como uma das crianças mais maltratadas do Estado da Califórnia, Dave Pelzer passava fome e era brutalmente espancado por uma mãe instável e alcoólatra. Por sua coragem, força e capacidade de perdoar, Dave transformou seu sofrimento em sabedoria e escreveu um relato absorvente sobre sua vida, que influenciou milhões de pessoas. Seu livro, *A Child Called "It"*, esteve na lista dos mais vendidos do *New York Times* durante três anos e foi indicado para o Prêmio Pulitzer. Enquanto poucos escolheriam conscientemente agressões físicas e emocionais como parte de sua receita de vida, precisamos agradecer a Deus o fato de Dave ter decidido usar sua experiência para mudar a vida de outras pessoas.

Quando tinha apenas dezenove meses de idade, Helen Keller ficou cega e surda depois de sofrer uma febre quase fatal. Elevando-se acima da ignorância de sua época e de suas próprias frustrações, Helen transformou-se numa pessoa determinada a cooperar com o mundo usando os três sentidos que lhe restavam. Ela se tornou uma comunicadora capaz e apaixonada e escreveu treze livros. Dando palestras por todo o mundo em apoio aos deficientes e desprotegidos, ela quase destruiu com um só golpe os velhos mitos sobre a cegueira. Imagine o que o mundo teria perdido se Helen Keller tivesse preferido mergulhar na autopiedade, rejeitando os ingredientes de sua receita exclusiva.

Viktor Frankl ficou preso em Auschwitz durante cinco anos. Depois que sua mãe, seu pai e sua mulher grávida foram mortos pelos nazistas, Frankl agarrou-se ao que ele chamou "a última das liberdades humanas — tomar uma atitude em qualquer circunstância". Aceitar o ingrediente devastador dessas mortes inspirou Frankl a escrever *Man's Search for Meaning*, um livro reconhecido como uma das obras mais influentes da literatura humanista.

Precisamos ser capazes de olhar para a nossa história completa — incluindo traumas, deficiências físicas, defeitos e condições de vida — e dizer: "Obrigado, meu Deus, por ter-me dado isso tudo", porque essas experiências foram feitas sob medida para nos apoiar na entrega da nossa contribuição exclusiva.

Apenas pense sobre isso. Por que alguns acontecimentos ferem você tão profundamente, enquanto não têm nenhum significado para o resto de sua família? Pense que você precisava da sabedoria que esses acontecimentos tinham para lhe oferecer. Talvez essa dor carregue uma tremenda lição que você teria perdido se o que aconteceu não fosse tão grave. Talvez você precisasse nascer com uma deficiência grave para poder provar a indestrutibilidade do seu espírito. Talvez precisasse sobreviver à devastadora dor da perda de um filho para poder salvar milhares de outras crianças. Quem sabe era preciso que você chegasse ao fundo do poço com o uso de drogas, de álcool ou com uma profunda aversão a si mesmo, antes que fosse capaz de reunir coragem para assumir responsabilidade pela sua vida. Todos os nossos traumas e problemas emocionais existem para nos apoiar na tarefa de revelar nosso eu superior. Muitos dos mais importantes ingredientes estão escondidos sob um véu de sofrimento. Esse sofrimento está codificado com informações vitais e sábias de que precisamos para juntar nossos dons especiais. Não há ninguém que possa ensinar aquilo de que só você é capaz. Não há ninguém mais que possa oferecer sua perspectiva única. Até que perceba a perfeição de todos os ingredientes, você continuará tentando trocar, consertar e recuperar a sua história em vez de usá-la para o propósito Divino a que foi destinada.

O SOFRIMENTO DE ODIAR A
SUA PRÓPRIA RECEITA

Muitos de nós passam a maior parte da vida julgando os ingredientes de nossas receitas — encarando de forma errada tudo o que está dentro de nós. Dizemos: "Tenho ovos demais" ou "O açúcar não é suficiente" ou "Se ao menos eu tivesse um pouco mais de tempero...". Em outras palavras, rejeitamos algumas de nossas facetas, enquanto aceitamos outras. Até onde conseguia lembrar, minha amiga Shirley era chamada de encrenqueira. Ela costumava meter-se em encrencas na escola por falar demais e sentia-se deslocada no seu círculo de amigos porque não era bem-visto ter opinião própria sobre tantos assuntos. Mesmo a família dela ficava envergonhada com a sua franqueza e, mais de uma vez, ela fora advertida para suavizar um pouco suas palavras. Shirley passou os primeiros vinte e poucos anos de sua vida odiando esse ingrediente de sua receita e tentando livrar-se dele.

Um dia, enquanto assistia à sua aula favorita de sociologia, Shirley, como sempre, fez seus comentários em voz alta. Depois da aula, o professor chamou-a de lado e lhe disse: "Você fala demais! Alguma vez já pensou em fazer carreira no rádio? Você receberia para falar o dia inteiro!". De repente, Shirley percebeu o enorme dom que possuía e que ela sempre considerara uma maldição. Ela criou um programa de rádio com *show* de prêmios e hoje tem uma carreira muito bem-sucedida e é famosa como a entrevistadora que não tem papas na língua.

Não é uma tarefa fácil ver a perfeição de nossas mágoas e desajustes, mas as coisas não acontecem por acidente. Você — e quando eu digo você estou me referindo a todos — é Divino. Você pode não estar expressando o Divino na sua forma atual, mas asseguro-lhe que tão logo transforme seus sofrimentos você verá a perfeição deles. Tome como exemplo o estrume de cavalo. Se você for dar uma volta no campo e se deparar com um monte de estrume em seu caminho, provavelmente vai parar e dar meia-volta. Mas, para um jardineiro apaixonado que deseja desenvolver as maiores e mais belas rosas ou garantir uma cor vibrante para uma pimenteira, o mesmo monte de estrume vai se assemelhar a ouro puro. O que a maioria de nós chama de cocô, o jardineiro chama de potencial puro, porque ele o reconhece apenas como o ingrediente de que precisa para nutrir o seu jardim.

Odiar qualquer ingrediente da nossa receita é a garantia de que vamos atrair experiências dolorosas para a nossa vida, já que o semelhante atrai o semelhante. A dor que não trabalhamos e a aversão que sentimos por nós mesmos vão atrair pessoas e acontecimentos que refletirão esses sentimentos. Seja na forma de acidentes, relacionamentos violentos, ruína financeira ou maus empregos, descobrimos constantemente meios de nos punir, porque carregamos a crença profundamente arraigada de que somos errados ou de que o que aconteceu conosco está errado. Quando somos incapazes de enxergar a Divindade da nossa receita, estamos destinados a uma vida de raiva, decepção, carência e ansiedade. Os traumas, as mágoas, as frustrações e a dor nasceram como dons; mas, até que se incorporem, eles continuarão sendo pelotas que não se misturaram à nossa massa. Quando extraímos sabedoria dessas experiências, descobrimos os ingredientes especiais para a nossa receita. Temos todas as qualidades, a capacidade, a sabedoria, a perfeição, a imperfeição e os meios necessários para despertar e distribuir as dádivas que só nós possuímos.

Em termos metafóricos, esse processo compreende juntar, peneirar, mexer e misturar os ingredientes que já temos, a fim de fazer a melhor sobremesa imaginável. Em termos universais, trata-se de aceitar e incorporar cada peça que contribuiu para fazer de nós o que somos atualmente, para que assim possamos entregar ao mundo a nossa criação exclusiva. O fato de nos aceitarmos da maneira mais completa e oferecermos a nossa receita exclusiva para o Universo constitui o maior banquete do espírito humano.

Nossos dramas são uma parte indestrutível daquilo que somos. Não importa o que façamos ou quanto tentemos, não podemos nos livrar deles. Nossa única escolha é se vamos permitir que eles nos usem ou vamos nós usá-los. Escolhi usar a minha dramática história para escrever livros, dar minha contribuição a outras pessoas e ganhar o meu sustento. Talvez este fosse o plano superior para mim: sofrer ininterruptamente durante vinte e seis anos e, então, aprender com o meu passado, curar a minha dor, dar a volta e ajudar os outros a aprender como superar o sofrimento. Hoje eu me sinto grata pela minha dor, sabendo que, sem ela, eu nunca seria capaz de transmitir aquilo que ensino. Agradeço a Deus por todo o lixo e pelos traumas do meu passado, pois, de outra forma, metade das páginas dos meus livros estaria vazia.

Observe a sua receita, olhe para a sua história e veja o que você não está aceitando e abençoando. Esse é um bom ponto de partida. Até que perceba a necessidade de se apossar de *tudo* o que você é, você não conseguirá extrair as jóias de cada experiência da sua vida, e sua história continuará a usá-lo, a martelar na sua cabeça e a fazê-lo agir como se você fosse um ser inferior. Mas no momento em que perceber que as partes que você odeia valem tanto quanto aquelas que você ama, quando reconhecer que os acontecimentos dolorosos são os ingredientes perfeitos para sua receita completa, você vai testemunhar a mágica da transformação. Vai abençoar aquilo que antigamente via como uma maldição e presenciar o horrendo tornar-se sagrado.

Lembre-se: você pode passar os próximos quarenta anos tentando tirar ingredientes da sua massa, ou pode apenas misturá-los e deixar que traumas, vitórias, desilusões e alegrias se juntem na mistura Divina intitulada "você".

PASSOS PARA A CURA

1. Pense na sua vida rememorando as experiências que tiveram um papel mais relevante para moldar você no que você é atualmente. Faça uma lista de acontecimentos significativos: vitórias, perdas, alegrias, desilusões amorosas e frustrações que mudaram a sua vida.

2. Faça uma lista dos aspectos da sua vida e de si mesmo que você tem dificuldade para aceitar — as partes da sua receita que você tentou se descartar. Talvez você tenha lutado por muito tempo contra o fato de não ter inclinação para o atletismo, ou contra a idéia de que é menos atraente do que outras pessoas. Sentiu-se diminuído ou derrotado por uma deficiência, uma perda amorosa ou financeira, ou por um trauma ocorrido muitos anos atrás? Faça uma lista de todos os ingredientes da sua receita que você acha que não têm valor ou que o tenham afligido constantemente.

Reflexão

"Todos os aspectos, meus e da minha vida, contribuem com um ingrediente essencial que me permite concretizar o meu propósito Divino."

Capítulo 3

A EXPLORAÇÃO DA SUA GRANDE E MISTERIOSA HISTÓRIA

Cada um tem uma história que é exclusivamente sua. Como uma impressão digital, ela nos distingue e separa daqueles que estão à nossa volta. Gravada em nossas histórias está a soma de tudo aquilo que marcou nossa vida. Todas as pessoas, acontecimentos, circunstâncias e situações que de algum modo nos tocaram deixaram marcas profundas na nossa psique. Quer nossa vida tenha sido marcada por um de nossos avós, por uma doença infantil, por um professor admirável ou por uma pessoa que deveria tomar conta de nós mas foi negligente, cada uma dessas experiências permanece conosco, tornando-se parte integrante da nossa identidade. As conclusões que tiramos desses acontecimentos, assim como o significado que damos a eles, ficam arraigadas na nossa psique, criando um roteiro para nossos dramas pessoais.

Quero ter a certeza de que você compreendeu que a sua história não é ruim; de fato, ela é, provavelmente, o seu bem mais precioso. Mas é vital para você saber que, mesmo não sendo ruim, a sua história é limitadora. Ela encerra a sua existência numa cápsula, restringindo-a a uma insignificante parte da sua humanidade, em vez de permitir que você tenha acesso a todo o seu ser. Mas tão logo a reconhece, faz as pazes com ela e extrai seus ingredientes vitais, você pode escapar da pequenez de seus pensamentos mais rasteiros e caminhar para a realização dos seus maiores sonhos.

A CARACTERIZAÇÃO DA HISTÓRIA
DE CADA UM

Nossas histórias contêm uma coletânea de sentimentos, convicções e conclusões que acumulamos e arrastamos por toda a vida. Nossas histórias são pesadas, porque elas vivem dentro dos nossos egos, e esses, quase sempre, são sérios. Raramente eles se enchem de luz, de amor e do prazer travesso de uma criança brincando. A maior parte do tempo eles estão voltados para o lado negativo. A base completa para nossas histórias repousa no que poderíamos, deveríamos ou desejaríamos ter sido. Nossas histórias são polvilhadas com sofrimento, perda e arrependimento e glaçadas com esperança, desejo e fantasia. Nossos dramas vivem na lembrança do passado e na fantasia do futuro. Todo o pensamento negativo sobre o passado que penetra nossas mentes mora na nossa história, assim como todos os sentimentos de perda e desesperança. As fantasias sobre "O dia em que isso acontecer" ou "Quando eu finalmente atingir o meu objetivo" mora nas nossas histórias. Raramente nossas histórias se mostram no presente, quando estamos ligados simplesmente ao que é. Como sombras, nossas histórias nos seguem aonde formos, escondendo a verdade sobre quem somos. Elas nunca estão muito afastadas do nosso campo de visão, mas só podem ser vistas quando examinadas à luz do dia.

Recentemente, conduzi um seminário de fim de semana como parte de um Programa de Terapia de Integração de sete meses, em que dou aula. Na segunda noite do seminário decidimos dar uma "festa do pijama". Sessenta dos participantes enfiaram-se em seus pijamas favoritos e prepararam-se para uma noitada animada de "hora da história". Eu estava vestida com o meu pijama favorito, chinês mandarim, enquanto outros estavam com pijamas de flanela, camisolas e roupões. Alguns homens exibiam camisetas de tamanho grande e calções folgados com estampas delicadas. Já que a nossa intenção naquela noite era caracterizar e compartilhar nossos dramas individuais, eu tive a intenção de criar uma atmosfera leve e que levantasse os ânimos a fim de contrabalançar a seriedade que a maioria vincula às próprias histórias. Levamos nossas histórias tão a sério, expliquei, porque acreditamos que elas são verdadeiras.

O objetivo da nossa festa do pijama era explorar e expor tanto nossas histórias quanto as convicções sombrias que mantinham nossos dramas firmes em seu lugar. Pedi a todos que fechassem os olhos e tentassem se lembrar de algum momento de quando eram pequenos, antes dos cinco ou seis anos, em que eles tivessem se sentido perdidos, sozinhos, tristes ou assustados — uma ocasião em que alguma coisa aconteceu e abalou a sua realidade. Pedi a eles que observassem qualquer acontecimento que lhes viesse à mente e expliquei-lhes que esse incidente poderia, mesmo que eles não tivessem entendido seu significado, carregar uma pista para o tema de seus dramas pessoais.

Contei para o grupo qual fora a lembrança que surgira para mim da primeira vez em que eu utilizara esse processo. O incidente que pipocou na minha cabeça foi uma cena em frente da casa em que eu morava quando eu tinha três anos. Eu podia ver muitas pessoas correndo por ali, olhando atrás dos arbustos e falando entre si em voz baixa. Eu estava parada ao lado da casa, encolhida num canto perto da parede. Alguém tinha acabado de assaltar uma loja nas vizinhanças e a polícia achava que o homem tinha corrido atravessando o nosso quintal. Toda a minha família e muitos vizinhos estavam agitados, procurando pistas que ajudassem a prender o marginal. Fiquei parada e afastada dos grupos. Ninguém parecia estar me vendo. Eu me sentia como se tivesse sido capturada por um mundo do qual não fazia parte. Tudo o que eu podia enxergar através dos meus olhos, olhos de uma criança de três anos, era um bando de marmanjos que não se preocupava em saber onde eu estava ou o que eu estava fazendo.

Inconscientemente, naquele dia eu tomei uma decisão crucial que iria alterar para sempre o modo como eu via a mim mesma e aos outros. Fiz com que esse incidente significasse que ninguém se importava comigo. E, como todo ser humano, eu tinha de criar uma explicação que respondesse *por que* ninguém prestara atenção em mim. Decidi que isso tinha acontecido porque eu não era suficientemente importante para merecer essa atenção — porque, afinal, se eu significasse alguma coisa para alguém, meus parentes teriam me visto e se preocupado com o fato de eu estar me sentindo sozinha e ignorada. Claro, eu poderia ter escolhido qualquer outra de uma série de interpretações, mas uma vez que eu já me encontrava dentro da minha história, precisava escolher a explicação que mais me diminuísse. Assim, sem nenhuma surpresa, "ninguém se preocupa comigo" tornou-se uma das minhas convicções sombrias mais arraigadas, e é o tema central da minha saga pessoal. Trinta anos depois, transportando-me para aquela situação, ainda me sinto completamente abandonada e sozinha.

Depois de contar a eles a minha história, ficou claro para o grupo qual seria a atividade daquela noite. Todos se concentraram na missão de descobrir o drama da própria vida, a história que define quem eles são e que os mantém enclausurados nas cápsulas de suas realidades individuais. Nós nos dividimos em grupos, amontoando-nos em pequenos círculos fechados, e começamos.

Peter, um homem de fala mansa, com uns trinta e cinco anos, decidiu ser o primeiro do nosso grupo. Ele estava sentado ali, sem nenhuma expressão, olhando fixamente para nós. Pedi-lhe que fechasse os olhos e que recordasse um incidente do passado. Depois de alguns instantes, Peter começou a descrever uma ocasião em que ele tinha seis anos e sua mãe entrou no quarto onde ele estava brincando com o seu melhor amigo, John, e ela, com voz raivosa, começou a repreender os meninos porque eles tinham deixado suas bicicletas na varanda. Quando Peter não lhe respondeu, ela se descontrolou e num ataque de raiva começou a gritar, dando-lhe palmadas e dizendo que ele não servia para nada e que ela gostaria que ele não tivesse nascido. Peter, traumatizado, ficou ali, imóvel, banhado nas próprias lágrimas. Ele decidiu, naquele dia, que o significado das palavras e dos atos de sua mãe era que ele era mau e não merecia estar vivo.

A humilhação desse acontecimento ainda era visível no seu rosto vinte e nove anos depois. Era óbvio, pelo nível de alteração emocional de Peter e pela clareza com que ele recordara esse acontecimento, que ele entrara em contato com uma de suas convicções sombrias mais arraigadas: "Eu não sirvo para nada." Junto com nosso grupo, Peter começou a procurar de que modo esse tema havia feito parte de outros incidentes da sua vida. Em pouco tempo Peter foi relatando, um por um, inúmeros acontecimentos ligados à mãe autoritária e abusiva e de que maneira ela confirmava a convicção de que ele, na verdade, "não servia para nada". Ele descreveu para o grupo todas as formas pelas quais era dominado pela mãe e como se sentia impotente para se posicionar como um homem diante dela, o que acabara impedindo seu posicionamento diante das mulheres que passaram pela sua vida.

Peter constantemente descobria que estava com mulheres que lhe lembravam que ele não era bom o bastante para estar com elas. Dolorosamente, ele recordou de que forma as mulheres tinham tirado alguma vantagem dele, e de como ele se sentia fraco e impotente sempre que estava diante de uma mulher que amava. Peter nos contou como vinha tentando provar que servia para alguma coisa desviando-se da sua maneira de ser nos relacionamentos pessoais, e como ele se esforça para ser útil e prestativo; mas, ele acrescentou, alguma coisa sempre parece dar errado. Sua história confirma constantemente que sua mãe tinha razão e que ele, de fato, "não serve para nada".

Elizabeth, uma garota tímida e uma das mais jovens do grupo, esperou calada que chegasse a sua vez e só falou depois que eu reafirmei que estava tudo bem. Numa voz suave, ela nos contou que era filha única e que os pais eram profissionais altamente qualificados que sempre tiveram grandes expectativas em relação a ela. Para desapontamento deles, Elizabeth nunca foi bem na escola. Mesmo os melhores professores particulares foram incapazes de melhorar as notas de Elizabeth e, quando ela estava com dezessete anos, recebeu a esmagadora notícia de que não fora aceita na faculdade que os pais haviam escolhido para ela.

Para Elizabeth, o significado desse incidente foi: "Há alguma coisa errada comigo", e essa convicção sombria tornou-se o tema da sua história. Ela se sentia um fracasso e resignava-se com o fato de que sua vida jamais significaria alguma coisa. Já que chegara à conclusão de que não era suficientemente inteligente para ganhar a aprovação dos pais, ela resolveu não ir para a faculdade e concentrou sua atenção numa forma de arranjar um casamento e formar uma família. Porém, depois de três anos tentando engravidar, Elizabeth ouviu de seu médico que ela não poderia ter filhos. Mais uma vez, via-se diante do sentimento avassalador de que "havia alguma coisa errada com ela" e de que ela não passava de uma decepção para o marido e para si mesma.

As histórias prosseguiram. Quanto mais nós ouvíamos, mais claro ficava que estávamos todos vivendo de acordo com as convicções sombrias que haviam se tornado o tema de nossas histórias. Passávamos o tempo criando acontecimentos e situações que nos permitissem agir de acordo com o tema de nossos dramas. Não importava quanta dor cercasse as histórias ou que significado atribuíssemos para os acontecimentos da nossa vida, havia um ponto em comum: a história era sempre dramática, repetitiva e altamente pessoal. Os temas principais, embora ligeiramente diferentes, traziam as mesmas lamentações: "Há alguma coisa errada comigo. Não sou suficientemente bom. Minha vida não tem sentido." O refrão era: "Pobre de mim, pobre de mim, pobre de mim."

À medida que a noite prosseguia, começamos a identificar as convicções sombrias que tinham contaminado nossas histórias pessoais. Até essa noite a maioria das pessoas sentadas ali tinham acreditado que aquelas crenças constituíam a verdade e não o que realmente eram: convicções sombrias, que tinham se tornado o roteiro de seus dramas. Expliquei-lhes que, apesar de todos terem muitas convicções sombrias, apenas uma delas se torna o tema central do drama pessoal de cada um; assim, o tema de Peter é: "Não sirvo para nada", enquanto o de Elizabeth é: "Há alguma coisa errada comigo." Nos últimos dez anos, orientei milhares de pessoas no Processo de Trabalho do Lado Sombrio, um seminário transformacional com duração de três dias, e ao fazer isso descobri que há três principais convicções sombrias compartilhadas praticamente por todas as pessoas. São elas:

Não sou suficientemente bom.
Sou insignificante.
Há alguma coisa errada comigo.

Descobri também que há variações incontáveis dessas convicções. À medida que for lendo a lista que vem a seguir, veja se você consegue identificar a convicção que está mais profundamente arraigada em você e que serve de tema para a sua história.

Ninguém gosta de mim.
Não faço parte de nada.
Alguma coisa está errada comigo.
Sou tão burro.
Sou incompetente.
Sou indesejável.
Não sou bom em nada.
Sou um capacho.
Não sou especial.
Sou desprezível.
Sou indigno.
Não sirvo para nada.
Sou inadequado.

Sou desajustado.
Sou insignificante.
Minha vida não tem o menor significado.
Não sou ninguém.
Sinto-me um caco.
Estou podre.
Não passo de um erro.
Sou mau.
Não estou bem.
Sinto-me incompleto.
Sinto-me despedaçado.
Ninguém liga para mim.
Sou um fracasso.
Ninguém se preocupa comigo.
Não posso confiar em ninguém.

Quando nossas convicções sombrias são acionadas, elas reforçam nossas histórias, provando-nos quanto são "corretos" e "verdadeiros" os nossos dramas. Todo pensamento que nos vem à mente desencadeia uma resposta emocional no nosso corpo, e quando estamos vivendo dentro de nossas histórias temos acesso a uma série muito restrita de emoções. Eis alguns dos sentimentos que vivem nas nossas histórias: resignação, falta, perda, ressentimento, sentir-se vítima, solidão, raiva, condenação, vergonha, desespero, desesperança, tristeza, medo, culpa, ciúme, inveja, remorso, autopiedade e aversão a si mesmo. Cada um de nós, ao contar sua história naquela noite, pôde perceber como essas emoções tinham sido nossas companheiras constantes.

Na segurança da nossa festa do pijama era fácil perceber como tínhamos escolhido nos construir sobre bases tão pequenas. Embora houvesse alguma coisa boa em todas as nossas histórias, no nosso grupo de sessenta pessoas havia algumas histórias que berravam: "Olhe para mim, veja como sou grande!" ou "Veja em que magnífico ser humano eu me tornei!". Havia muitas histórias guiadas por amor, compaixão ou alegria. Mesmo que muitas das pessoas do nosso grupo tivessem realizado coisas surpreendentes e fossem muito conceituadas em suas áreas de trabalho, nossas histórias não eram de grandeza e importância, mas tratavam do medo da criança que tinha sido levada a se enganar a seu próprio respeito e com relação ao que era capaz de fazer. O que aflorou naquela noite foi toda a nossa perda e o desespero, tudo o que estava faltando na nossa vida. A mensagem que cada um de nós transmitiu foi "Se ao menos": Se ao menos tivéssemos pais diferentes, amores, amigos, corpos, mentes ou sorte — se ao menos tivéssemos tido uma educação melhor ou uma família que nos desse mais apoio — seríamos as pessoas que desejávamos ser. Todos conseguimos ver como tínhamos desistido da nossa grandeza e poder em alguns setores da nossa vida a fim de permanecermos trancados em nossas histórias.

Percebemos determinadas áreas da nossa vida em que nossas histórias atuaram. Algumas histórias mexeram com as nossas carreiras; outras representaram nossos dramas no palco dos nossos relacionamentos, das nossas famílias ou do lado financeiro. Alguns dos dramas evidenciaram-se no nosso estado emocional ou no nosso corpo. Muitas vezes eles se sobrepuseram em duas ou três áreas da nossa vida. Mas o ponto que estabelecemos naquela noite gloriosa foi que, em algum momento, saímos do mundo de infinitas possibilidades e entramos no mundo da nossa realidade limitada. Foi aí que nossos problemas começaram, dando origem às nossas limitações.

Muitas pessoas conseguiam identificar a história que criaram quando eram crianças, mas enfrentavam um momento difícil ao observar o impacto dessa história no presente. Poucos disseram que não tinham dramas em suas vidas: a história deles é que não tinham nem drama nem história. Donna, uma psicóloga clínica, disse que sua vida era ótima. Tinha dois filhos e uma prática profissional promissora, e estava perplexa, sem saber como essa teoria de história poderia se relacionar com ela. Pedi-lhe para que contasse um pouco sobre sua vida. Ela disse: "Meus pais eram ótimos, tive uma infância excelente e atualmente tudo vai bem. Na verdade, sempre fui a rocha da família, aquela a que todos procuram quando precisam ser acalmados. Sempre fui a voz da razão." Nesse momento, nossos olhos se encontraram e Donna ouviu suas próprias palavras. Eram, mais ou menos, exatamente as mesmas palavras que ela já tinha usado milhares de vezes para descrever a sua vida. Elas saíam automaticamente da sua boca. Atônita, Donna percebeu que inadvertidamente tinha descoberto o tema de sua história: que "tudo vai bem". Não importava o que estivesse acontecendo na sua vida, ela sempre podia estampar um sorriso na face, erguer-se sem ajuda e se convencer de que tudo estava perfeito.

É importante perceber que nem todas as histórias são tristes, traumáticas ou dolorosas. Algumas têm como tema: "Tudo está ótimo" ou "Na mais perfeita ordem, obrigada". Mas mesmo essas histórias "felizes" esgotam seu combustível e carregam limitações pesadas. Para Donna, viver numa história em que "tudo vai bem" impede que ela assuma riscos que possam ameaçar sua visão de que a vida nem sempre é perfeita ou feliz. A história dela a manteve trancada dentro de uma realidade segura mas limitada. Embora vivesse numa ilusão de felicidade, ela tinha sacrificado a possibilidade de ser audaciosa, aventureira e escandalosa, e isso a impedia de examinar seus desejos mais profundos.

OUÇA A CANÇÃO DA SUA HISTÓRIA

"Como podemos saber quando estamos dentro da nossa história?" "Como podemos ouvi-la?" Essas eram as perguntas que todos queriam ver respondidas. Um meio seguro de descobrir se estamos vivendo nossas histórias é examinar a qualidade de nossos pensamentos e o diálogo interior que mantemos no dia-a-dia. Muitas pessoas passam a maior parte da vida em algum outro lugar que não aquele em que estão. Quando estão no trabalho, pensam em suas casas; quando estão em casa, pensam nas férias. Quando estão com os filhos no parque, ficam pensando no programa de televisão favorito. Seus corpos estão presentes, mas suas mentes estão em algum outro lugar. Sei que passei os primeiros trinta anos da minha vida em algum lugar que não aquele onde eu estava. Vivi para minhas fantasias, sonhando com o que poderia me fazer sentir melhor, sempre tentando dar um final feliz para aspectos da minha vida que não eram, de jeito nenhum, felizes. Passei pelo menos vinte anos imaginando o homem dos meus sonhos e que, quando eu o encontrasse, finalmente teria alcançado a utopia.

O olhar fixo no futuro é um sinal seguro de que estamos mergulhados na nossa história. Quando eu não estava sonhando com o futuro, passava meu tempo pensando no passado: tudo o que tinha dado errado, as coisas que deveriam ter acontecido de outro modo. Eu poderia passar uma semana numa discussão aborrecida com alguém num supermercado numa disputa pelo primeiro lugar da fila. Quando você está dentro da sua história, seus pensamentos podem percorrer uma extensa gama de tipos, do assustador e mórbido — como a preocupação com acidentes extraordinários ou tragédias improváveis — ao trivial e ao absurdo, como ficar obcecado com um botão em sua malha ou pela possibilidade de o cachorro do vizinho destruir o seu gramado.

Quando estamos em nossas histórias, nunca temos um pensamento que se esgote nele mesmo. Não pensamos: "Eu adoraria ter um grande relacionamento", e paramos por aí. Pensamos: "Espero que isso aconteça logo. Que ele não tenha uma ex-mulher. Que ele seja bom e amoroso e que me compre uma aliança logo. Espero que não arrote alto nem deixe o banheiro cheirando mal." Podemos sonhar que estamos numa praia no Havaí, com uma aparência melhor do que tínhamos há dez anos e mantendo uma ardente relação sexual. Então, pensamos: "Espero que ele não me machuque. Tomara que ele não seja o último dos burros." E então lembramos do último cara por quem nos sentimos atraídas e com quem tivemos uma relação, e logo pegamos uma tangente, e o pensamento passa a girar em torno de como nos enganamos redondamente e como teria sido melhor se nunca nos tivéssemos envolvido com aquela pessoa. Dentro de nossas histórias, pensamos e repensamos as mesmas coisas vezes sem conta — futuro, passado, futuro, passado, futuro, passado, passado, passado... E o processo se repete indefinidamente. É desgastante. Quando vivemos dentro da pequenez de nossas histórias, freqüentemente é um processo tão doloroso que o único modo que nossas mentes encontram para lidar com isso é sonhar de olhos abertos ou viver no passado.

DESCUBRA SUA CAIXA DE SOMBRAS

Todo esse diálogo interior se passa dentro do que eu chamo de *Caixa de Sombras*, o recipiente que carrega o contínuo e infindável diálogo que habita nossas mentes. Imagine o mais alto volume de uma caixa de som que perturbou a sua tranqüila temporada na praia. Agora, ponha esse som na sua cabeça e você terá uma noção do ruído avassalador de sua Caixa de Sombras. Ela está repleta de pensamentos, todos aqueles que você sufocou — todos os seus julgamentos, a sua correção, suas mágoas não-resolvidas e todas as suas convicções sombrias. Seu diálogo interior negativo é como uma indigestão psíquica. Até que consiga digerir todos os pensamentos e sentimentos inconscientes que moram na sua psique, você vai continuar a viver com o barulho e o incômodo da sua Caixa de Sombras. Pare por um instante e ouça os pensamentos que passam pela sua cabeça. Agora deixe que a sua atenção se volte para um projeto que não está sendo realizado ou para um relacionamento que não está indo adiante. Agora ouça novamente. A essa altura, já deveria estar claro para você o que é a sua Caixa de Sombras.

Nossas Caixas de Sombras moram dentro de nossas histórias e vão conosco a toda parte. Elas sussurram constantemente nos nossos ouvidos todas as nossas imperfeições, desilusões e desajustes. Elas nos fazem saber o que realmente pensamos a nosso respeito enquanto estamos dentro de nossas histórias. Enquanto a nossa intuição tenta desesperadamente atrair a nossa atenção, na maior parte das vezes nós damos as costas a ela, prestando nossa solidariedade à nossa Caixa de Sombras, essa voz familiar que adora nos fazer lembrar de nossos insucessos, desajustes e limitações auto-impostas.

Há poucos anos eu dei uma palestra para cem pessoas no salão de festas de um grande hotel. Quando a palestra começou, todos estavam à vontade, espalhados por todo o ambiente. De repente, o alarme de incêndio disparou, uma voz forte saiu dos alto-falantes repetindo uma mensagem gravada que dizia: "Aqui fala o bombeiro-chefe. O alarme de incêndio foi acionado. Por favor, dirijam-se à saída mais próxima. É preciso que saiam imediatamente. Esta gravação não será desligada até que todos abandonem o prédio." Como era a terceira vez que o alarme disparava naquele dia, ninguém ficou muito preocupado. O salão de festas era no térreo e estávamos certos de conseguir escapar se houvesse mesmo um incêndio.

Como só tínhamos mais quarenta e cinco minutos para ficar reunidos, decidimos ficar mais próximos uns dos outros num canto do salão, a fim de que fosse possível ouvir o que estava sendo dito e eu pudesse finalizar a minha palestra. Como a mensagem do chefe dos bombeiros era repetida ininterruptamente, eu era obrigada a elevar minha voz para que todos pudessem me ouvir. Mesmo estando mais interessados no que eu dizia do que na mensagem gravada, eles não conseguiam evitar de se distrair. Então ocorreu-me o pensamento de que aquela gravação era um exemplo esplêndido de nossos diálogos interiores. Perguntei ao grupo: "Quantos de vocês escolheriam ouvir esta fita durante o dia todo pelo resto da vida? Quantos comprariam uma caixinha que repetisse esta gravação e a ouviriam enquanto trabalhassem, quando estivessem namorando ou assistindo a um filme? Será que algum de vocês compraria por vontade própria uma caixa como esta e a carregaria consigo aonde quer que fosse, agarrado a ela como se fosse para salvar a própria vida?" Evidentemente, a resposta de todos foi negativa.

Fiquei quieta por alguns minutos para que a minha audiência pudesse ouvir novamente a gravação daquela mensagem muito importante. Então, olhando diretamente em seus olhos, perguntei: "Quantos de vocês passam mais de uma hora por dia ouvindo o matraquear interior que se repete em suas cabeças?" Todos permaneceram quietos, vislumbrando o que eu acabara de dizer. Eles perceberam que todos os dias perdiam uma grande parte de sua preciosa energia ouvindo a fita repetitiva que toca sem parar em suas mentes, dizendo coisas como: "Isso não foi muito bom. Isso não foi muito inteligente. Você não deveria ter dito isso. Do que ela está falando? Por que eles não desligam a fita agora?" Ou ela pode estar murmurando: "Não paguei todo esse dinheiro para vir a uma palestra e ouvir esse alarme o dia inteiro. Eu gostaria que ela fosse direto ao ponto." Ou talvez você acorde ao lado do marido e ouça dentro da sua cabeça: "Por que ele não escova os dentes antes do café? Se ele ao menos ganhasse mais eu não precisaria trabalhar tanto." Talvez a sua Caixa de Sombras emita coisas como: "Ninguém se importa com o que eu penso. Sou tão sozinho, ninguém quer ser meu amigo." Ou talvez você não tenha concluído um projeto urgente a tempo, e sua Caixa de Sombras pensativamente vai lembrá-lo: "Veja o que você fez desta vez. Você pisou na bola. Você é igualzinho ao seu pai." O que é mais perturbador, porém, é que, não importa quantas vezes você tenha ouvido isso antes, *ainda* vai prestar atenção. Vai ouvir vezes sem conta, levando sempre essa voz a sério.

Quantos de vocês passaram horas e horas ouvindo essa caixa dentro de suas cabeças? Talvez até tenham evitado de ir a uma festa ou de se divertir de alguma outra forma para ficar em casa ouvindo a sua caixa. Alguns não se permitiram ir em busca de uma posição melhor ou completar uma pósgraduação, com base apenas na carga de informações fornecida pela sua encantadora Caixinha de Sombras. Alguém sugeriu que eu crie uma Caixa de Sombras: Por uma pequena quantia, farei o programa do seu diálogo interior para que você possa ouvi-lo diariamente. Você pode levar a sua caixa para todos os lugares. Ou ela pode funcionar como um despertador falante. Você pode ligá-la de manhã, e ela dirá: "Bom dia. Hoje você está com uma aparência horrorosa." Assim, você não vai mais precisar dizer isso a si mesmo. Sua Caixa de Sombras dirá: "Não vai lhe acontecer nada que valha a pena. Você nunca vai preencher os requisitos necessários para isso. Nunca vai passar disso. É melhor você nem sair da cama hoje, ninguém vai sentir sua falta mesmo." Você pode estar pronto para se levantar, mas a sua Caixa de Sombras vai berrar: "Isso nunca vai acontecer com você! Não está certo. Eles não lhe dão o justo valor. A vida é dura. O que é que você sabe? Você é um perdedor. Nunca vai conseguir." Ou: "Pobre de mim! Por que não posso ter um pouco de descanso? Talvez eu consiga ganhar na loteria desta semana, e então eu serei uma pessoa feliz." Ou se você está numa sociedade e os negócios vão se expandindo, sua pequenina companheira vai intrometer-se: "Se crescer demais, as pessoas não vão gostar de você. Você não pode ter tudo. Não fique grande demais."

A experiência com o alarme de incêndio me deixou entusiasmada e com sorte, porque a maioria nunca entende que o seu diálogo interior é como uma fita ruim que toca repetidas vezes, involuntariamente, sem correção. A maioria decide ouvir essa voz todos os dias. A maioria ouve tão atentamente que não consegue ouvir o que as outras pessoas estão falando. Se você começar a ignorar a Caixa de Sombras, com certeza ela vai lhe dizer: "Não, escute. É importante. Ninguém gosta de você. Não, de verdade, eles não gostam de você." Ou: "Você nunca vai ser nada. Você é um perdedor." É assim que ela o engole. Todas as vezes em que acredita no que a Caixa de Sombras lhe diz, você está aceitando a história contada por ela.

Para compreender a natureza repetitiva de sua Caixa de Sombras, você precisa tentar anotar o seu diálogo interior durante um mês ou mais e, então, vai poder olhar para trás e dizer: "Ora, já ouvi essa conversa antes! Veja, eu a ouvi em 4 de fevereiro de 1999, em 14 de abril de 1998, 1984, 1981... Ouvi isso quarenta e duas vezes neste ano, sessenta e quatro no ano passado..." . Quantas horas por dia você acha que passa ouvindo a sua Caixa de Sombras, examinando-a, regateando com ela? É como um labirinto. Você pensa que realmente há algumas bolachinhas no fim do percurso. Você imagina que, se prestar atenção por tempo suficiente, vai ganhar uma recompensa. Mas essa é uma grande mentira. Não há bolachinhas no fim do labirinto e você não será recompensado por tê-la ouvido o bastante. Entretanto, sua Caixa de Sombras age como um alarme, e a fita está dizendo: "Esta é uma gravação. Você está vivendo dentro de uma história intitulada 'Você'. Se quiser desligar este alarme, precisa dar um passo gigante para fora da sua história. Assim que tiver saído da sua história, esta gravação será desligada automaticamente. Agradecemos pela sua atenção e lhe desejamos um bom dia."

Muito tempo depois do alarme de incêndio do hotel ter sido desligado, ficamos rindo de nossas Caixas de Sombras, que tinham sido arrancadas das trevas da nossa mente e se estenderam como um gigantesco bufê de diálogos interiores para ser apreciado por todo o grupo. Todos puderam perceber como se sentiam protetores em relação às suas Caixas de Sombras, como se o fato de expor sua tagarelice negativa constituísse algum tipo de traição. A maioria pôde ver que tinha sustentado esse diálogo interior como especial e exclusivo. Ninguém se atrevia a admitir como as mensagens de suas Caixas de Sombras eram parecidas com as das pessoas em volta. A maioria, senão todos nós, passamos boa parte de nossa vida tentando silenciar nossas Caixas de Sombras e, até onde podíamos ver, tínhamos falhado. Havíamos tentado acalmá-las, fazendo barganhas e manipulando-as. Alguns tentaram abafá-las ou drogá-las — qualquer coisa para fechar suas bocas e poderem finalmente ficar livres e gozar a vida, escapando de suas histórias previsíveis e infindáveis.

Provavelmente, você passou anos lutando para modificar, refazer, corrigir e consertar a sua história, sem ter consciência de que tinha outra escolha. Meu objetivo é oferecer para você uma alternativa, uma que repousa no entendimento de que você não é a sua história — qualquer que ela seja. Eu quero que você perceba que, embora tenha muitas histórias, muitas convicções sombrias e uma Caixa de Sombras excessivamente tagarela, tudo isso acaba por gerar grandes dons — dons que têm a finalidade de lançá-lo para fora de sua história e mergulhá-lo na maior expressão de si mesmo. Todos eles estão lá para você aprender a partir deles e, então, usar o resultado para entregar a sua contribuição exclusiva para o mundo. Garanto a você que a vida pela qual está lutando está além do que você sabe e muito além das limitações da sua história.

PASSOS PARA A CURA

1. Escreva a história da sua vida em todos os seus dramáticos detalhes. Dê ênfase especial ao que não deu certo e àquelas coisas que poderiam ter dado ou deveriam ter dado certo, ou que poderiam ter sido melhores. Dê a si mesmo a liberdade de ser completamente imparcial em relação às suas frustrações, perdas, desilusões e arrependimentos, assim como às suas esperanças, desejos e sonhos. Dê voz aos pensamentos, sentimentos e convicções que vivem dentro da sua história.

2. Percorra todo o seu drama pessoal e veja se consegue começar a distinguir algum tema particular. Há algum tema que aparece repetidamente nos acontecimentos da sua vida? Freqüentemente você acaba se sentindo deixado de lado, abandonado, traído, desrespeitado, invisível ou usado? Qual é a essência que identifica a sua história do tipo "pobre de mim"?

3. Para revelar as convicções sombrias que regem o seu drama pessoal, faça uma lista das conclusões que tirou dos acontecimentos da sua vida e os significados que deu a eles. Leia novamente a história pessoal que escreveu para o primeiro passo enumerado aqui e, enquanto reflete sobre cada acontecimento significativo da sua vida, pergunte a si mesmo: "O que eu fiz que se referia a mim?" Olhar a lista de convicções sombrias apresentada anteriormente pode ajudá-lo. Veja se consegue descobrir quais são as convicções sombrias que ocupam os três primeiros lugares. Isso vai ajudá-lo a revelar o tema da sua história.

4. Dedique algumas páginas do seu diário para escrever o seu diálogo interior repetitivo que é irradiado pela Caixa de Sombras. Observe, sem criticar, a conversação que existe na sua história.

Reflexão

"A verdade mais profunda é que eu tenho uma história mas não sou a minha história."

Capítulo 4

POR QUE VOCÊ SE PRENDE À SUA HISTÓRIA

O medo da mudança, de enfrentar novas realidades, é tão profundo que nos apegamos desesperadamente ao mundo que conhecemos. Muitas vezes confundimos familiaridade com segurança. O conforto perceptível que extraímos do que nos é familiar nos mantém vivendo na ilusão de nossas histórias. Mas a questão que devemos ponderar é: estamos realmente seguros em nossas histórias? Em vez de assumir o risco da mudança, nós nos seguramos como se fosse para salvar a nossa própria vida e resistimos às incertezas do desconhecido. Li certa vez sobre uma mulher que nadava atravessando um lago carregando uma pedra em uma das mãos. Quando se aproximou do meio do lago, ela começou a afundar com o peso da pedra. "Solte a pedra!", gritavam as pessoas que a estavam acompanhando da beira do lago. Mas a mulher continuava nadando, desaparecendo algumas vezes por instantes debaixo d'água. "Solte a pedra!", os espectadores gritaram mais alto. A mulher agora tinha chegado ao meio do lago e afundava na mesma proporção que nadava. Pressionados pelo sentimento de urgência, as pessoas voltaram a gritar mais uma vez: "Solte a pedra!". E, enquanto a mulher desaparecia pela última vez, eles a ouviram dizer: "Não posso, ela é minha."

A maioria das pessoas leva muito tempo resistindo a seus dramas em vez de procurar pela sabedoria que existe em cada uma de nossas facetas, convicções e circunstâncias indesejáveis. A resistência nos tranca dentro do sofrimento de uma determinada situação. Prende-nos à realidade que mais desejamos transformar. A resistência vem do desejo ou da necessidade de que essa circunstância seja diferente. Mesmo o mais leve desejo de mudança cria doses maciças de resistência interna. Quer ofereçamos resistência a toda a nossa história ou a apenas parte dela, a resistência provoca um desequilíbrio interno, que age como se fosse cola, grudando-nos aos pensamentos e às convicções de que mais queremos nos livrar. Mesmo que pareça um retrocesso, a primeira coisa que precisamos fazer para nos recuperar é aceitar tudo aquilo a que temos resistido. Nos últimos sete anos, por volta de cinqüenta cidades diferentes, tenho repetido estas palavras: *Aquilo a que você resiste persiste.* Se você levar ao seu coração o significado dessa frase, terá a capacidade de fazer mudanças saudáveis e permanentes em todas as áreas da sua vida. Mesmo que eu continuamente ensine as pessoas a aceitar tudo o que elas são, a maioria insiste em odiar ou desgostar de alguns aspectos da sua vida. Não importa qual parte que esteja em jogo — seus corpos, relacionamentos, pais ou finanças —, resistência e recuperação não caminham juntas. Assim, se preferir resistir a qualquer coisa que faça parte da sua vida — se você a detesta, critica ou apenas não gosta dela —, você tem a garantia de que essa questão vai persistir.

A resistência nos impede de ter paz interior e o final feliz que tanto desejamos. Essa é a razão de estarmos sempre na mesma condição. A resistência em ir além e nos movermos ao longo de nossos problemas é a causa de nossos comportamentos repetitivos. A resistência ao *que existe* suga a nossa energia vital e bloqueia o fluxo natural da nossa evolução.

O PREÇO DA RESISTÊNCIA

Nossa resistência é acionada sempre que fazemos algo errado a nós mesmos, aos outros ou ao mundo. A crença interior que estabelece a nossa resistência diz: "Não deveria ser assim." Gastamos então toda a nossa energia tentando mudar a realidade das circunstâncias que nos rodeiam. Quando dou palestras, adoro perguntar às pessoas: "Quantos de vocês passaram mais de mil horas de sua vida tentando mudar as pessoas à sua volta, os acontecimentos do passado, ou alguma característica pessoal que lhes desagradava — seja medo, egoísmo, gordura ou a conta bancária?" Todos, eu repito, todos, levantam as mãos. A maioria acredita que, se resistir às condições indesejadas de sua vida durante um período suficiente ou de maneira firme, elas desaparecerão. Uma coisa que posso garantir com absoluta certeza é que resistir ao *que está acontecendo* nunca vai fazê-lo ir embora. Pode ser que a resistência leve cada um mais fundo em sua negação e ao âmago de sua história, mas não vai mudar o que aconteceu quando tinha três anos, não vai ajudá-lo a perder dez quilos ou não vai fazê-la amar o seu ex-marido.

Nas minhas aulas de caratê, o professor me ensinou que algumas vezes o modo mais fácil de sair de uma situação complicada é relaxar. Por exemplo, se um atacante agarrar o meu braço, em vez de me retesar e me afastar, devo parar diante do meu oponente e relaxar completamente o meu braço. Afastar-me do atacante desperta nele a resposta natural de me apertar com mais força. Assim, para que eu possa escapar do meu agressor, primeiro preciso me render à sua pressão. Quando relaxo o meu corpo, os dedos cerrados afrouxam naturalmente, dando-me a oportunidade de escapar livre da sua pressão. Nosso reflexo inicial é sempre resistir a qualquer ameaça, embora só seja possível nos fortalecer e ter acesso a toda a nossa energia se respirarmos fundo, relaxarmos e nos soltarmos para a experiência.

Para transcender nosso sofrimento, precisamos ir contra os nossos instintos, que nos mandam segurar e, em vez disso, devemos nos render à conduta de liberar. Qualquer coisa que queiramos modificar, que temamos, odiemos ou simplesmente nos recusemos a aceitar nos manterá colados ao passado e presos às nossas histórias e às convicções sombrias que as conduzem. Render-se ao *que está acontecendo* exige que suavizemos nossos corações, abandonemos as expectativas que nascem de nossas histórias e aceitemos o que a vida nos oferece. Render-se a todos os ingredientes que formaram a nossa vida é um convite para ouvirmos com ouvidos inocentes a mensagem mais profunda da nossa dor, em vez de sermos detidos pelas conclusões familiares ditadas pelas nossas Caixas de Sombras. Somente quando admitirmos que estamos presos ao conforto de nossas histórias é que seremos capazes de aliviar nossa resistência e alcançar a sabedoria de nossas experiências. Somente ao tomarmos a decisão de usar nossas histórias para amar a nós mesmos, em vez de nos castigar, ficaremos livres para usá-las da maneira como foram projetadas para serem usadas. Posso garantir-lhe que, se você adotar a conduta de se desprender do passado, se renunciar ao posto de Gerente-Geral do Universo e de astro principal do seu drama, sua vida vai ficar mais fácil e você será capaz de ouvir o apelo mais profundo da sua alma.

NINGUÉM ESTÁ VINDO

Não existe melhor ocasião para começar o processo de observar a sua história por aquilo que ela é, com todas as suas limitações e promessas, do que agora. Não há ninguém que possa fazer isso por você. Ninguém está vindo para salvá-lo. Para mim, as marés mudaram quando eu cheguei a essa conclusão perturbadora. Durante anos, tentei viver melhor. Trabalhei muito para transformar as condições em que levava a vida, mas parecia que eu sempre ficava aquém dos resultados desejados. Então, um dia, sentada no chão do banheiro do meu apartamento, sentindo muita pena de mim mesma, tive uma revelação capaz de operar uma mudança profunda na minha vida: ninguém estava vindo. Eu poderia continuar a sofrer, a trabalhar muito e a tentar tornar a minha história bonita, fácil e divertida como eu tinha sonhado, ou eu poderia me levantar do chão, amadurecer e enfrentar o fato de que ninguém viria para me salvar. Num momento de graça e iluminação, percebi que tinha esperado minha vida inteira pela minha mãe, pelo meu pai ou pelo homem dos meus sonhos para vir me levantar e dizer-me que eu era perfeita, que minha vida era perfeita, que eu poderia ter qualquer coisa que eu quisesse e para me garantir que, daí por diante, eu teria uma existência de conto de fadas.

Inconscientemente, a maioria das pessoas fica esperando por alguém ou alguma coisa que venha resgatá-la. Mas eu estou aqui para lhes garantir: ninguém está vindo — nem a sua mãe, nem o seu pai, nem um príncipe em seu cavalo branco. Embora as pessoas pensem que, se esperarem bastante, vai aparecer alguém para salvá-las, a triste verdade é que ninguém pode trilhar o nosso caminho no nosso lugar. Se formos suficientemente corajosos para desistir da esperança de que alguém está vindo para nos salvar, estaremos dando um passo importante na direção de assumirmos a responsabilidade pela nossa vida e pela nossa felicidade.

O MERGULHO NA DESESPERANÇA

A maioria das pessoas passa grande parte do tempo se enganando com a crença na velha história: "Logo chegará o dia em que vou realizar os meus sonhos" — e com a esperança de que a vida vai melhorar. Mesmo que precisemos de esperança em momentos de grande desgaste, é importante fazer a distinção entre esperança autêntica e ilusão. Quantas vezes pregamos uma peça em nós mesmos ao acreditar que estamos chegando a algum lugar, quando na verdade não estamos chegando a lugar nenhum. Esperança, pensamento positivo e fantasias prazerosas podem facilmente transformar-se em negação. Muitos anos atrás, eu me envolvi com um namorado num relacionamento muito desgastante. Passei anos esperando que a situação melhorasse, e a esperança me impedia de assumir os meus sentimentos e de lidar prontamente com os meus problemas. Em vez de passar o tempo analisando minhas opções e aprendendo as lições que me eram oferecidas, eu perdia hora após hora sonhando de olhos abertos — querendo e esperando que um dia, milagrosamente, tudo entrasse nos eixos. Em vez de lidar com a realidade e sofrer a dor de reconhecer que estava passando por mais um relacionamento falido, eu mergulhei na negação — sem perceber que estava mentindo. Minha esperança pusera uma venda em meus olhos e abafadores em meus ouvidos, o que só servia para adiar o inevitável. A realidade muitas vezes é dolorosa. O grande paradoxo e a ironia de tudo isso é que, se estivermos dispostos a desistir da esperança de que podemos modificar, consertar ou transformar nossas histórias, se desejarmos deixar as coisas correrem e sentir a desesperança de não saber mais quem somos, descobriremos novamente a esperança.

Muitas vezes eu descobri, na minha prática de treinamento terapêutico, que as pessoas preferem prender-se a um grão de esperança a lidar com a realidade. O medo de lidar com a perda e o sofrimento nos mantém atados às nossas histórias, repetindo a mesma velha experiência. Algumas pessoas extraem sua dose de esperança de livros, fitas e palestras. Apesar de que esse tipo de inspiração às vezes tem alguma utilidade, se nós o usarmos para justificar nossas condições atuais, isso não vai passar de uma página a mais na nossa história. Alguns anos atrás, trabalhei com Margaret, uma mulher rica que à primeira vista parecia ter tudo. Ela percorrera o mundo freqüentando *spas* e centros de recuperação, e tinha meios para conseguir o melhor aconselhamento que o dinheiro podia comprar. Uma autoproclamada viciada em auto-ajuda, Margaret ia de seminário em seminário na esperança de que o fato de passar algum tempo com gente que ela considerava importante lhe garantiria o reconhecimento que ela tanto desejava. Mas, dentro de si mesma, atormentada pela insegurança, ela se sentia invisível e sem importância. Um incidente aparentemente sem o menor significado, como alguém que não lhe telefonasse de volta, deixava-a preocupada dias a fio. Margaret gastava a maior parte de sua energia procurando encontrar algo que a fizesse sentir que fazia parte de alguma coisa.

Durante nossa terceira sessão, percebi que Margaret parecia estar enfraquecendo: seu corpo estava alquebrado e ela dava a impressão de estar mais agitada e cheia de medo. Sugeri a ela que se afastasse de todas as pessoas e grupos a que se agarrara esperando um dia fazer parte deles. Sabendo que aquilo pelo qual ela suspirava só poderia ser encontrado dentro de si mesma, disse-lhe para abandonar o vício da auto-ajuda e voltar a atenção para o seu íntimo. Mas Margaret não conseguia fazer isso. Ela ficava completamente aterrorizada diante da perspectiva de ficar sozinha, sem todas as distrações que carregavam a promessa de reconhecimento e de integração. Ela continuava com seu padrão familiar de comportamento, agarrada à esperança de que um dia seria recompensada.

Margaret lia livro após livro, em busca de uma filosofia que justificasse as suas ações, enquanto reunia evidências que apoiassem sua decisão de continuar sendo a mesma. Toda vez que eu lhe falava sobre os padrões de autodestruição que nela eram visíveis, Margaret citava uma frase do livro que lera por último: "Debbie, acabei de ler um livro que diz que todos nós fazemos o melhor que podemos. Eu também estou fazendo o melhor que posso." Margaret era muito criativa na arte de sugerir meios que justificassem o seu comportamento. Certo dia, ela chegou e me disse que sua família a havia maltratado e ofendido. Quando lhe perguntei o que estava pretendendo fazer a respeito, ela respondeu: "Está tudo perfeito exatamente do jeito que está." Fiquei apenas assistindo enquanto Margaret continuava em sua busca penosa, o tempo todo agarrando-se a afirmações que carregassem a promessa de esperança. Ela estava mais comprometida com o caminho da justificação do que com a exploração das questões subjacentes que a atormentavam.

Pedi a Margaret que fizesse uma lista que contivesse todas as expressões e mensagens inspiradoras que ela usava para não lidar com a realidade. Afinal, ela era uma pessoa que havia lido todos os livros de auto-ajuda que tinham aparecido na lista dos mais vendidos e que freqüentara todos os seminários que ofereciam alguma promessa de felicidade. Em sua procura, ela reunira uma boa coleção de aforismos que a impediam de sentir o desespero de sua situação. Cito a seguir algumas das pérolas de sabedoria que ela usava para se alimentar de esperança: "A escuridão é maior logo antes de o dia amanhecer." "O que não me matar vai me tornar mais forte." "Sem sofrimento, nada se ganha." "Para tudo existe uma razão." "Deus não me dá nada que eu não seja capaz de suportar." "Trata-se de um processo." "Milagres podem acontecer." "O Universo está funcionando através de mim." "Deixe estar, e que assim Deus o permita." "Tudo é ilusão." "Isso também vai passar." "Tem sempre alguém que está pior do que eu." "Mantenha sempre uma atitude de gratidão." "Faça aquilo de que gosta e o dinheiro virá em seguida." "As coisas sempre se encaminham para o melhor." "O que é é, e o que não é não é." "Toda nuvem tem um revestimento de prata." "O prazer está na jornada." "Há ouro no escuro." "O tempo cura todas as feridas." "Hoje é o primeiro dia do resto da minha vida."

Toda essa sabedoria, que Margaret passara anos recolhendo, naquela ocasião já se tornara uma outra parte de sua história, apenas mais uma tentativa que não funcionava. Embora já estejamos trabalhando juntas há três anos, quando me encontro com Margaret na rua, ela ainda me dá desculpas poéticas para me explicar por que suas coisas não estão dando certo e por que ela continua na mesma situação. Como não está disposta a encarar os problemas que a mantêm viciada em determinadas pessoas e organizações, ela continua estacionada nos mesmos padrões repetitivos que conhece tão bem. Ela se convenceu de que Deus quer que a vida dela seja assim e, se o Universo quisesse algo mais para ela, de algum modo as portas se abririam magicamente. Em vez de se recolher em si mesma e perguntar: "Há alguma coisa em mim que provoca a repetição, uma vez depois da outra, das mesmas situações?" — Margaret continua desesperadamente agarrada à esperança, deixando todos à sua volta desesperançados em relação à vida dela.

Estou contando a história de Margaret como uma palavra de advertência. Se você se mantém preso, há mais de um ano, a uma situação ruim ou a um relacionamento que o consome, não permita que sua história o seduza com o pensamento: "Tudo vai se encaminhar para o melhor." Porque isso é, sobretudo, apenas uma outra história.

A GRANDE TENTATIVA

Muitos caem na armadilha infindável de tentar consertar a própria história. Alguns desperdiçaram anos de vida e muita energia reescrevendo a trama ou redistribuindo as personagens de seus dramas, esperando com isso transformar a vida que levam e acalmar suas Caixas de Sombras. Mas não importa quanto tentemos consertar nossas histórias, acabamos sendo impedidos pelas limitações que nossos dramas mantêm. Embora o fato de fazer pequenos avanços nos ajude a aparentar uma melhora e até a sentir que melhoramos, esses momentos de alegria têm pouca duração. A menos que tomemos uma decisão consciente de sair da limitação de nossas histórias, a sensação temporária de liberdade que sentimos depois de ler um livro inspirador ou de ouvir uma gravação motivadora será substituída por desesperança e desespero. Até que compreendamos que a raiz de nossos problemas são as crenças equivocadas de que *nós somos* a nossa história, mesmo o curativo mais eficiente está destinado a não funcionar.

Recentemente, conheci uma garota muito bonita num dos meus cursos. Percebi imediatamente o andar cadenciado de Caroline e sua personalidade alegre. Em todos os intervalos, ela vinha até mim, esperava até que eu percebesse que ela estava ali e, então, abria um enorme e maravilhoso sorriso. Mas, no segundo dia, o sorriso de Caroline vagarosamente começou a afrouxar, e foi substituído por uma aparência de tristeza, medo e desespero. Até que chegou um momento em que se aproximou de mim, perguntando se eu teria alguns minutos para ela. Perguntou-me se eu achava que aquele seminário poderia realmente ajudá-la e começou a soluçar enquanto me contava quantas abordagens já tentara no esforço de encontrar uma paz duradoura. Ela procurara manter uma atitude positiva, mas, quando isso tinha falhado, ela fora atrás de uma terapia. Já freqüentara muitos seminários em busca de crescimento, lera centenas de livros de auto-ajuda e ouvira horas incontáveis de fitas motivacionais. Naquele momento ela estava se sentindo arrasada, já que depois de tantos anos tentando estabilizar-se uma grande tristeza ainda permanecia no limiar de sua consciência.

Pedi a Caroline para fechar os olhos e descrever para mim o incidente mais doloroso de sua vida. Ela me contou que, quando tinha cinco anos, seu pai entrara em casa, pegara seu irmão mais velho e foi embora. Caroline, a partir desse dia, ficara sem vê-los por dez anos. Perguntei-lhe como lidara com a dor desse trauma, e ela me respondeu que sua mãe lhe dissera para pensar positivamente e manter um sorriso nos lábios. Quando Caroline atingiu os quinze anos, sentia-se tão dilacerada que começara a explorar toda e qualquer abordagem — de exercícios físicos a práticas espirituais — que pudesse oferecer-lhe algum alívio. Ela procurava uma forma rápida de se estabilizar, alguma dose de motivação ou inspiração que pudesse conservar por um dia ou uma semana. Mas o alívio nunca durava muito e ela acabava caindo de volta na desesperança de sua história. Sugeri gentilmente a Caroline que usasse aquele fim de semana para chorar a perda do pai e do irmão. Ela olhou para mim com espanto e perguntou: "Você quer dizer, mergulhar *na* dor?"

Enquanto dirigia o meu carro indo para casa naquela noite, pensava sobre todos os anos que cada um de nós passa tentando mudar sua história, tentando imaginar que nossos traumas e humilhações jamais aconteceram e tentando anular a dor que vem do nosso passado. Refleti sobre o volume imenso de energia que despendemos tentando mudar o nosso modo de sentir, a maneira de pensar e o nosso comportamento — tudo na esperança de que um dia, com esse esforço, nossa vida se transforme e possamos finalmente ser felizes.

Todas as vezes em que oriento um seminário, tenho o privilégio de sentar diante de um grupo das mais extraordinárias pessoas do mundo. São pessoas que deram duro na vida. Algumas estudaram com os maiores mestres espirituais do nosso tempo; outras trabalharam com terapeutas e outros sábios professores a fim de resolver seu passado e dar sua contribuição para o mundo. Ainda assim elas guardam o sentimento de que ainda há mais coisas a serem aprendidas, mais sabedoria a ser alcançada, antes que atinjam a integridade de seu ser. Suas vidas são conduzidas por uma luta interior que as conserva continuamente procurando por uma vida melhor, definitivamente mais significativa. Durante anos me perguntei por que nenhum de nós parece conseguir encontrar o que está buscando. Por que, com todo esse conhecimento, toda essa sabedoria, estamos à caça de alguma coisa a mais? Por que coisas ruins acontecem com pessoas boas? Por que uma alegria ininterrupta é tão inatingível? Por que nossos sonhos parecem sempre estar um passo adiante de nós? Muitos acabaram por se endividar seriamente tentando encontrar respostas para o fato de nossa vida ser como é.

Num dos meus treinamentos terapêuticos, fizemos uma lista de todos os métodos, técnicas e abordagens que usamos para tentar nos estabilizar e consertar nossas histórias. A lista era enorme. Tínhamos freqüentado acupunturistas, terapias de regressão a vidas passadas e, para a maioria, mais do que a nossa cota de terapeutas. Tínhamos trabalhado nossa raiva, a criança que havia dentro de nós, nossa crítica interior e, quando tudo havia falhado, tínhamos tentado a dança do êxtase. Havíamos tentado visualizar, declarar, entoar e meditar um caminho para sair da nossa dor. Tínhamos procurado o conselho de nutricionistas, de treinadores, orientadores, professores de Yoga e gurus e, quando nada disso funcionara, tínhamos pedido a nossos médicos que nos dessem uma receita de Prozac. Purificamos nossos Chakras, cheiramos óleos voláteis e acendemos velas para acalmar a nossa mente. Alguns ficaram mergulhados em banhos enquanto ouviam música harmonicamente confortadora. Queimamos incenso especialmente importado da Índia, pusemos ímãs debaixo do travesseiro, usamos amuletos em volta do pescoço e anéis especiais em nossos dedos. Manuseamos cartas de anjos e puseram para nós as cartas do Tarô. Tentamos fazer trabalho voluntário, prestando serviços a pessoas que pareciam estar em pior estado do que nós. Alguns tentaram um marido rico ou uma mulher jovem e bonita.

Nossa lista prosseguia infindável e, apesar de termos rido muito disso, a maioria de nós, depois de tudo, continuava diante da presença e da dor da história que não tinham conseguido refazer. E a pergunta que fazíamos era simples: há alguma esperança?

A JORNADA ALÉM DO CONHECIDO

Um desejo profundo nos leva a refazer a nossa história. Queremos voltar ao nosso estado natural de inteireza, ao ponto onde sabemos que somos a vastidão do Universo e não a pequenez de nossos dramas. No esforço para alcançar a utopia, a terra da paz e da satisfação, construímos relacionamentos, montamos negócios e retrocedemos. Gastamos uma infinidade de horas lendo, estudando e adquirindo conhecimento que esperamos venham a nos devolver ao nosso estado natural de graça, mas, mesmo quando do o nosso conhecimento fracassa, continuamos a nossa busca. Bem no fundo, sabemos que um retorno à nossa totalidade é possível. Afinal, se acreditássemos verdadeiramente que essa condição é inatingível, não perderíamos tanto tempo de nossa vida nessa busca; ficaríamos acomodados no drama repetitivo que conhecemos tão bem. Mas a maioria não se acomoda. Esse desejo profundo nos leva a encontrar o caminho para casa. Ele nos leva a procurar até que despertemos para a vastidão do nosso ser eterno, o eu que está além da nossa história.

Quando estamos prontos para ficar conscientes dentro da nossa história, precisamos nos confrontar com a verdade que está no mais íntimo do nosso ser: *nossas mentes não conseguem nos levar aonde nossos corações desejam ir.* Nossas mentes nos levam a procurar respostas, mas aquelas que encontramos muitas vezes constituem o empecilho que nos impede de encontrar a verdade mais profunda. Por exemplo, nesse momento sabemos mais sobre alimentação e saúde do que jamais se soube, embora a população continue a sofrer problemas de saúde e de gordura. O fato de saber o que comer e de quanto exercício físico precisamos fazer *não nos dá* a motivação para comer bem e praticar exercícios. Entretanto, se entrarmos em contato com a parte sagrada e a inteireza do nosso eu, e sentirmos como é ser saudável e forte, nós naturalmente desejaremos nos alimentar bem e cuidar o melhor possível do nosso corpo. Meu amigo Patrick diz: "Saber o caminho não é seguir o caminho." O saber é o prêmio de consolação. O saber mora na nossa mente; o ser mora em nosso coração. Para ser o "você" que você quer ser, é preciso que desista do "você" que você já conhece. Na verdade, é preciso que desista de tudo o que sabe. Sempre fico espantada com os homens e as mulheres que freqüentam os meus seminários e são capazes de citar palavra por palavra os textos de alguns dos maiores livros espirituais do nosso tempo. Ainda assim, eles estão profundamente conscientes de que, mesmo com todo esse conhecimento e sabedoria, está faltando alguma coisa.

O MEDO DE SE DESFAZER DA SUA HISTÓRIA

Agarrarmo-nos ao que sabemos é a maior razão de continuarmos presos à nossa história. Como seres humanos, desejamos desesperadamente acreditar que sabemos quem somos. Mas pensar que sabemos quem somos e do que somos feitos é o que realmente nos deixa trancados em nossas histórias. Nossos pensamentos são limitados; eles vivem na identidade que acreditamos ser a nossa. Cada um de nós tem um ego que desesperadamente quer saber. Ele não quer saber apenas com a finalidade de saber; quer saber para poder sentir-se superior às outras pessoas. Esse é o jeito de ser dos seres humanos. Não é ruim, não é errado; apenas é o que é. Não perca tempo tentando se livrar do seu ego; você não vai conseguir. Da mesma forma que não vai conseguir livrar-se da sua história. Eles são aspectos essenciais da sua receita Divina, que iremos explorar mais adiante. Mas, por agora, você precisa reconhecer quem está dirigindo o espetáculo e que forças estão trabalhando em todos os momentos da sua vida.

Nossa necessidade de saber, de controlar, de ter razão e de ser *alguém* é o que nos mantém encerrados em nossas histórias. É uma reação natural tentar consertar algo que não funciona e, quando não conseguimos consertá-lo, nosso próximo impulso é livrarmo-nos dele. Mas, não importa o que façamos, não conseguimos consertar nem nos livrar de nossas histórias. Se conseguíssemos nos descartar delas, não descobriríamos quem somos no mais íntimo do nosso ser. Se vencermos o jogo de consertar as nossas histórias, perderemos o jogo maior de conhecer a nós mesmos, porque podemos preferir continuar nas nossas histórias, convencendo-nos que a nossa não é na verdade uma história, mas aquilo que somos. Se fizermos isso, perderemos a oportunidade de contribuir com a nossa peça exclusiva para o grande quebra-cabeça da vida. É como ganhar uma batalha e perder a guerra. O que vamos receber em troca de consertar nossas histórias empalidece em comparação com o que vamos ganhar quando passamos de nossas histórias para a inteireza de quem realmente somos.

Muitos têm medo de se desfazer de suas histórias, mesmo quando elas não lhes servem mais, temendo não conseguir conhecer a si mesmos sem elas. "Quem seria eu sem a minha história?", perguntamos. "Tenho medo de não saber mais quem eu sou." Eu dou vivas pelo fato de você não saber mais quem você é! É tão emocionante não se conhecer. O eu que você conhece é uma parte limitada — é um pontinho insignificante — de quem você realmente é. Compara-se a uma única faceta num imenso caleidoscópio cheio de milhares de cores. Você foi levado a pensar em si mesmo como uma faceta de vidro de um vermelho cristalino, quando na verdade você é feito de mil cores exuberantes, interligadas e dançando ao mesmo tempo para criar imagens mágicas. Toda vez que você gira o caleidoscópio, todo um mundo novo se abre para você. Ao mudar o foco, de repente você pode ver coisas que nunca viu antes. A perspectiva que você guarda a seu respeito não passa de uma visão limitada da sua verdadeira natureza.

PASSOS PARA A CURA

1. Crie um ambiente calmo, livre de distrações. Pegue seu diário e escreva livremente a sua resposta às seguintes perguntas:

O que eu seria sem a minha história?

O que eu tenho medo de perder se desistir da minha história?

2. Faça uma lista de todas as coisas que você fez na tentativa de consertar ou de se ver livre de sua história.

3. Faça uma lista de todas as formas de resistência que apareceram na sua vida. Que comportamentos, emoções e crenças você conserva que o impedem de aceitar o que você é?

4. Faça uma lista de todos os meios nos quais você usa a esperança para não lidar com a realidade. Se não há esperança de que aconteça um milagre, que mudanças você faria hoje na sua vida?

Reflexão

*"É seguro para mim desfazer-me
da minha história."*

Capítulo 5

A RECUPERAÇÃO
DO SEU PODER

Se eu pudesse influir em apenas uma questão que atinge a humanidade, seria para aliviar todas as pessoas do sofrimento intolerável de se considerarem vítimas. O problema com esse desejo, naturalmente, é que não tenho o poder de aliviar ninguém de nada, inclusive do fato de se sentirem vítimas. Só você pode dar a si mesmo esse alívio. Todas as pessoas que conheci têm uma história de como se tornaram vítimas de alguém ou de algum acontecimento. A maioria das pessoas culpa os pais pelos seus fracassos, enquanto outras acusam seus professores, ex-maridos ou ex-mulheres, algozes, líderes religiosos, amigos ou até os avós. Muitos sentem que foram maltratados em seus empregos, que suas famílias se aproveitaram deles, que foram abandonados por Deus ou foram vítimas da vida de um modo geral.

A questão de nos sentirmos vítima revela que em algum ponto da nossa trajetória erraram conosco e que os crimes perpetrados contra nós são a causa da nossa dor. Essa é uma história que vai nos limitar e tirar de nós o nosso poder pessoal durante todo o tempo em que acreditarmos nisso. As pessoas, em sua maioria, reúnem evidências fortes para validar a idéia de que são vítimas da vida, e esse é certamente um modo de ver a vida. Se observarmos a nossa vida da perspectiva de que não somos os co-produtores da nossa realidade, então *fomos* injustiçados. Mas se mudarmos a nossa perspectiva, encontraremos uma realidade maior, mais poderosa, que diz que *nós* somos co-produtores da nossa própria experiência. Observando nossa vida dessa nova perspectiva, podemos aceitar tudo o que nos aconteceu como exatamente aquilo de que precisamos para desabrochar todo o nosso potencial e seguir adiante em nossa vida.

Sentir-se vítima é assustador porque, quando estamos nessa condição, nem sempre estamos conscientes disso. Sentir-se vítima é uma parte tão integral da nossa história que não somos nem sequer capazes de perceber o quanto isso afeta a nossa vida. Mesmo que não se sintam vítimas do mundo exterior, muitos tornaram-se vítimas de seus próprios maus-tratos. Em vez de projetar a culpa nos outros, invertemos a direção e a lançamos contra nós mesmos. Algumas pessoas acham que o fato de se culpar em vez de culpar aos outros as tornam melhores, como se, ao preferirmos nos culpar, estejamos dando provas de ter um sentido de retidão superior ao daqueles que agem de modo diferente. Mas, de qualquer modo, somos as vítimas: tanto podemos ser vítimas de outra pessoa como de nós mesmos. De uma maneira ou de outra ficamos incapacitados e, quando nos sentimos assim, estamos sendo levados mais para dentro ainda de nossas histórias. Que escolha! Ou estamos sendo surrados por alguém ou estamos nos flagelando. De uma forma ou de outra ficamos feridos. Qualquer que seja a opção, saímos perdendo.

O PREÇO DA CULPA

Enquanto estivermos subtraindo algo de nossas histórias, não conseguiremos sair delas. Sem ao menos perceber isso, a maioria é grandemente recompensada por atribuir o mal a outras pessoas. Há uma satisfação íntima gerada por levantar o indicador e acusar. Alguns serão enterrados culpando outras pessoas pelas condições em que viveram. Farão qualquer coisa para evitar assumir a responsabilidade pela parte que lhes cabe em seus dramas. Mas acusar os outros e prender-se à dor do passado significa comprometer-se a uma vida de limitações e aflições. Enquanto estivermos culpando os outros pelos nossos problemas, não teremos liberdade, porque nosso ressentimento vai nos manter ligados exatamente a essas pessoas — e condições — que nos incomodam. Enquanto carregarmos a semente do ressentimento em nossos corações, teremos de criar alguma espécie de sofrimento, drama ou insatisfação para manter viva a nossa culpa.

A maioria carrega uma forte compulsão para declarar: "Veja o que você fez comigo." Não importa quanto lutemos para crescer no mundo exterior, essa compulsão interna para acusar outras pessoas sempre prevalece. Ela vai orientar nosso comportamento e conduzir nossas experiências no sentido de provar que estamos certos: que nos fizeram mal e que, de algum modo, esse mal prejudicou a nossa capacidade para atingir os resultados que desejamos. Enquanto estivermos comprometidos com a condição de sermos vítimas de alguém, seremos obrigados a encontrar um meio de sabotar a nós mesmos para justificar o nosso ressentimento.

A única maneira de sair dessa armadilha é assumir a responsabilidade. No mais íntimo do seu ser, muitos evitam assumir a total e completa responsabilidade pelos acontecimentos de sua vida. Fazemos isso porque, ao assumir a responsabilidade, muitas vezes sentimos que estamos desobrigando alguém que nos prejudicou. Mas, a verdade seja dita, assumirmos a responsabilidade é o único modo de nos liberarmos. Se uma pessoa nos fez mal e acabamos nos tornando o melhor ser humano que jamais existiu, naturalmente desistiremos de acusar essa pessoa e não iremos mais precisar ou desejar esfregar o crime em sua cara. De fato, perceberemos como as capacidades que desenvolvemos e o sofrimento que enfrentamos foram parte necessária desse nosso processo.

Conheci Jerri, uma mulher atraente, com seu cinqüenta e poucos anos, na casa de um amigo. Enquanto conversávamos, descobri que Jerri é uma consultora financeira muito bem-sucedida. Quando lhe perguntei quem ou o que havia contribuído mais para o seu sucesso, Jerri olhou-me diretamente e disse: "Minha mãe alcoólatra." Intrigada com sua resposta, continuei a perguntar: "O que a sua mãe alcoólatra lhe ensinou sobre administração financeira?" Jerri contou-me que, depois que o pai abandonara a família quando ela era ainda uma adolescente, a mãe tornara-se muito irresponsável com dinheiro, muitas vezes gastando toda a quantia do mês em algumas noites de farra. Para se assegurar de que ela e seus dois irmãos mais novos teriam com que comprar o material escolar, roupas e comida, Jerri interceptava os cheques que sua mãe recebia por incapacidade e usava o dinheiro para suprir as necessidades da família. "Parece como se você tivesse tido uma queda para planejamento financeiro durante toda a sua vida", eu disse a ela. "De jeito nenhum", ela retrucou. "Quando eu era mais nova, tudo o que eu quis foi encontrar um homem que me sustentasse para que eu pudesse ficar em casa e cuidar da família. Eu não queria nada com a administração do nosso dinheiro. Então, quando meu marido e eu nos divorciamos, fui obrigada a ganhar a vida.

"Diante do desafio de começar uma nova carreira tão tarde, tratei de examinar que habilidades eu teria que pudessem valer alguma coisa para os outros. Foi nessa ocasião que descobri que tinha uma queda para lidar com dinheiro e que fora graças à minha infância financeiramente instável que eu adquirira essa facilidade. Resolvi voltar à escola para conseguir um diploma, e de repente percebi que minha mãe tinha realmente me ensinado muita coisa. Senti uma mudança dentro de mim quando compreendi isso. Eu já podia me desfazer de toda a raiva que eu sentira contra ela e nunca mais a culpei por ela ter sido financeiramente irresponsável.

"Quando eu, finalmente, parei de culpar minha mãe, pude ver com clareza a direção que minha vida deveria tomar. Daquele ponto em diante ficou evidente que eu não precisava mais sofrer por causa de minhas finanças e que poderia contribuir com o meu talento para outras pessoas, enquanto colhia os resultados do meu sucesso."

PERDOE OS SEUS PAIS

Assumir a responsabilidade é um processo que muitas vezes se dá em camadas. Conheci pessoas que chegaram à difícil conclusão de que, depois de doze anos de terapia e de incontáveis seminários transformacionais, ainda culpavam seus pais pela sua sina. Não querendo sentir que tinham desperdiçado todo aquele tempo e dinheiro, elas adotaram uma abordagem espiritual que lhes dizia que tinham de assumir a responsabilidade pela sua realidade. Em vez de revolver aquele ressentimento tão profundamente arraigado contra seus pais, elas tentaram melhorar suas histórias dizendo frases como: "Meus pais fizeram o melhor que podiam dentro do conhecimento que tinham. Eles carregavam o peso do seu próprio fardo. Não é uma coisa boa jogar a culpa neles." Embora essas afirmações possam ser verdadeiras, é importante para as pessoas nessa situação resolverem as questões do passado descobrindo benefícios nesses acontecimentos, e não apenas construindo novas histórias sobre eles. Assumir responsabilidades no mundo espiritual tornou-se um novo tipo de autoflagelação; ainda nos deixa presos à posição de vítimas em nossas histórias. É uma outra maneira que adotamos para nos punir, prejudicar e tirar a nossa força; é apenas uma forma mais sutil de tornar-se vítima. Transforma a nossa fúria exteriorizada em ebulição interna.

Assumir verdadeiramente a responsabilidade é um processo e a única maneira de escapar da história de vítima. Significa reconhecer que somos co-produtores dos dramas que vivemos. Assumir responsabilidade exige de nós extrair sabedoria de nossas experiências de vida e descobrir as dádivas que elas guardam para nós, como Jerri fez. Significa aprender as lições, algumas vezes dolorosas, que cada experiência tem para nos ensinar. A responsabilidade é a nossa destinação final; mas, se estamos guardando no nosso íntimo ressentimentos contra outras pessoas, precisamos trazê-los à tona e lidar com eles; caso contrário, eles continuarão a envenenar a nossa psique, a sabotar a nossa auto-estima e a sugar a vida de nossos sonhos.

Há muitas camadas que precisam ser curadas quando se trata de nossos pais. Podemos nos sentir livres em determinado momento e, então, alguma coisa acontece e descobrimos um outro patamar de dor. Mas, se não progredimos na nossa vida, significa que ainda estamos carregando um pouco daquela queixa: "Veja só o que você fez comigo" — em relação a nossos pais. O ressentimento é muito profundo e pode levar o tempo de uma vida para ser extirpado. Mas se não tomarmos conhecimento de sua existência, nunca faremos o progresso que desejamos. Se continuarmos bloqueados ou presos, e não formos capazes de encontrar satisfação na vida que levamos, isso significa que ainda estamos carregando ressentimentos. É provável que queiramos imaginar que estamos negando a grandeza a nós mesmos para assim justificarmos a nossa acusação. Tão logo tenhamos perdoado completamente nossos pais por suas falhas e imperfeições, o melhor presente que podemos dar a eles é levar vidas extraordinárias, brilhar o mais intensamente possível. Mas, se ainda tivermos algum ressentimento com relação aos nossos pais ou àqueles que nos criaram, ao nos sentirmos infelizes, inconscientemente voltaremos a eles.

Ainda criancinha, Lori já sonhava em se tornar atriz. Seus professores perceberam seu talento para se expressar e atuar e a encorajaram para seguir uma carreira no palco. A mãe de Lori, entretanto, não a apoiava de modo algum. Uma mulher distinta e tradicional, a mãe de Lori queria que ela freqüentasse uma boa faculdade e seguisse uma carreira respeitável e de responsabilidade, como tinham feito seus irmãos mais velhos. Depois de refletir por algum tempo, Lori ignorou as opiniões da mãe, que ela considerava rígidas demais, e decidiu não ir para a faculdade. Mas continuou se ressentindo profundamente do fato de sua mãe não a encorajar para seguir a sua paixão.

Um ano depois, quando Lori tinha dezenove anos, ela engravidou sem estar casada. Era 1965. Ela morava numa cidade conservadora do Meio Oeste, e Lori pensou que a melhor coisa que poderia fazer era casar-se. Por sua criação nos moldes tradicionais, era importante para ela sentir-se uma mulher digna ao dar à luz em vez de sofrer a vergonha de se tornar uma mãe solteira criando um filho sozinha. Assim, Lori decidiu casar-se com alguém a quem não amava, mesmo sabendo que acabaria criando o filho sozinha, o que acabou se confirmando logo. Poucos meses depois de Joshua ter nascido, o marido de Lori abandonou-a. Então, quando o bebê estava com seis meses, a mãe de Lori mandou-lhe um recorte de jornal que anunciava a convocação para testes a fim de formar o elenco de uma peça que seria encenada na cidade. A peça precisava de uma moça por volta dos vinte anos de idade, e sua mãe sugeriu-lhe que ela deveria tentar o papel. Lori ficou surpresa pelo repentino encorajamento por parte da mãe, e começou a se ressentir de todas as ocasiões em que ela a desencorajara e rebaixara por querer ser atriz. "Dane-se você!", Lori berrou enquanto rasgava o recorte. Nesse momento, decidida a nunca mais atuar como atriz, Lori tratou injustamente sua mãe e selou seu próprio destino.

Vergonha e ressentimento são as emoções envenenadoras que nos mantêm presos na pequenez de nossas histórias. Percorrer os dramas pessoais é uma conversação subjacente que pode soar assim: "Veja o que você fez comigo. Você arruinou a minha vida. Eu sou um nada igual a você" — ou: "Eu nunca vou chegar a ser alguém — exatamente como você me disse." Mantemos os outros como responsáveis pelas nossas deficiências e então partimos para provar que fomos de fato maltratados e injustiçados. A história da "pobre de mim" torna-se a nossa evidência, provando que fomos maltratados, negligenciados, ou que nos fizeram mal de alguma maneira, e assim, todas as vezes em que não conseguirmos dar o melhor de nós mesmos, teremos o álibi perfeito. Vamos dizer: "Se eu não tivesse tido um pai colérico, uma namorada que não prestava, uma mãe alcoólatra, ou não tivesse sido estuprada, molestada, espancada, ignorada, abandonada, injuriada, eu não seria assim!" E então usamos todos os fracassos, desilusões, rompimentos amorosos ou negócios que não deram certo para apoiar a nossa convicção de que temos sido e continuamos sendo vítimas. Sabotamos continuamente nossos esforços a fim de alcançar o sucesso e a felicidade para nos prendermos ao nosso ressentimento e conservarmos nossas histórias intactas. Nossas falhas contínuas e nosso desespero nos provam que estamos certos e que aqueles a quem culpamos estão errados.

É importante começar a identificar as pessoas a quem atribuímos os erros que nos impedem de viver a vida com que sonhamos. Talvez seja a mamãe, ou o papai, ou o padrasto, as freiras e os padres que nos educaram, o rabino, o guru, o médico, a professora do jardim-de-infância que não nos carregou. Talvez o erro tenha sido da nossa irmã. Se ela não nos tivesse feito o que fez quando tínhamos seis anos, não seríamos tão fracassados. Talvez tenham sido os valentões que caçoaram de nós ou os meninos da nossa classe que nos deixaram de fora. A pessoa que joga a culpa em outras pessoas dá uma desculpa perfeita para a sua auto-sabotagem. Nós as punimos inconscientemente não sendo bem-sucedidas nem felizes como poderíamos ser. Dizemos, verbalmente ou não: "Veja: sou realmente um fracassado. Você me feriu de verdade."

Conheci Sunny, uma aspirante a escritora, num seminário recente. Enquanto conversávamos, Sunny contou-me que, desde o momento em que nascera, sentia que nada que fizesse era bom o bastante para seu pai. Esse era o tema de sua história. A terceira de três filhas, Sunny cresceu numa cidadezinha de uma área rural de criação de gado, e seu pai a ensinou a cuidar da fazenda com mão forte. Sunny era uma menina sensível, que foi alimentada e cuidada corretamente, mas que não tinha nem alma nem estrutura para ser fazendeira. Ela me contou como costumava fugir da fazenda em lágrimas depois que lhe pediam para enfiar um comprimido garganta abaixo de uma vaca ou para serrar os chifres de um bezerro. Sunny tinha a impressão de que estava sempre deixando a desejar diante das expectativas do pai; afinal, não nascera menino, como ele desejara que ela fosse.

Logo fiquei sabendo que havia anos que Sunny queria escrever um livro sobre as lições que as mulheres ensinam umas às outras. Quando lhe perguntei o que a estava impedindo de começar o projeto, ela disse: "Sinto de coração que o meu livro vai ser um dos mais vendidos na lista dos livros americanos e que, quando meu pai me assistir em programas de entrevistas e abrir o jornal para ver o meu nome impresso, ele irá à igreja no domingo de manhã e dirá às pessoas: 'Vejam o que a minha filhinha fez.' Nunca desejei alcançar tanto sucesso que ele pudesse reivindicar parte da minha glória para ele mesmo." Sunny desperdiçou anos de sua vida contendo-se e não se permitindo realizar o seu maior desejo apenas para poder privar seu pai do prazer de gabar-se dela.

Quando estava acabando o fim de semana, Sunny conseguiu perceber quanto da sua potencialidade ela tinha transferido para o pai. Pôde ver também que, se não fosse pela desaprovação dele, ela não teria sentido nenhuma queda para escrever. Tenho certeza de que, no dia em que Sunny realizar o seu sonho de se tornar uma escritora, ela vai agradecer a Deus pelo seu pai não ter sido uma pessoa emocionalmente acessível, porque essa falta de intimidade com ele proporcionou-lhe o seu sonho. Ela vai agradecer a Deus pelas menores coisas que lhe aconteceram, até mesmo pelo fato de que ele, com todas as suas falhas, tenha sido o seu pai. Sunny tem uma escolha: ela pode querer continuar carregando esse ressentimento pelo resto da vida, privando-o com isso de se sentir orgulhoso dela; mas assim ela também estará impedindo a si mesma de ter sucesso e estará privando o mundo de ouvir o que ela tem a dizer.

A maioria das pessoas vem carregando seus ressentimentos ao longo da sua vida. E, se quiserem, podem continuar assim até atingirem oitenta anos ou mais. Pode parecer bom jogar a culpa em nossos pais ou irmãos. Levantar um dedo acusador para os outros às vezes parece uma boa coisa — é uma forma de aliviar a pressão que existe dentro de nós. "Você me fez isso" parece melhor do que "Eu fiz isso contra mim mesmo." Mas as perguntas que nos devemos fazer agora são: Há quantos anos eu acuso os meus pais? Quantas vezes eu tenho repetido o mesmo comportamento doentio na tentativa de fazê-los sofrer? Quanto tempo mais eu pretendo fazer isso? O que eu já sacrifiquei por ter me apegado aos meus ressentimentos?

Se não estamos criando tudo o que queremos, provavelmente estamos guardando ressentimento contra alguém ou alguma coisa. Se não estamos realizando todos os nossos desejos, estamos nos sabotando em algum ponto. Estamos mais comprometidos em *não ter isso de jeito nenhum* do que em ser felizes. Se começarmos a realizar todo o desejo que tivermos, não haverá ninguém para acusarmos, e sem esse elo que nos prende ao passado estaremos livres para viver a vida com que sonhamos. Quando tivermos deixado de lado o nosso direito de ser vítima, compreenderemos que tivemos os pais perfeitos que nos ensinaram lições perfeitas. Não vamos mais nos ressentir deles, não importa o quanto eles nos tenham orientado de forma equivocada ou nos maltratado. Livres da pequenez assegurada por nos sentirmos vítimas, nós nos levantaremos em toda a nossa estatura de poder e glória, e agradeceremos por cada incidente, seja ele luminoso ou sombrio.

QUAL É A SUA DESCULPA?

Sempre que acusamos alguém, estamos usando essa pessoa como uma desculpa para não estarmos vivendo de forma completa. Como seres humanos, somos mestres em inventar desculpas para justificar a vida que levamos. Como um leopardo que se mistura à mata, nossas desculpas são camufladas como verdades. Elas se escondem e sussurram em nossos ouvidos todas as vezes que tentamos ir além das fronteiras de nossas histórias. A parte assustadora disso tudo é que a maioria guarda suas justificativas como verdades e não como desculpas. Para que possamos nos libertar de nossas histórias, é preciso que desejemos expor as desculpas que usamos para manter nossas histórias intactas. Com um olhar perscrutador, devemos observar nossos dramas diários, percorrer a nossa lista de razões e álibis e perguntar: "Trata-se de uma verdade ou não passa de uma desculpa?"

Para começar o processo de mudança de vida desmontando a nossa realidade atual, precisamos desmascarar as desculpas que usamos para nos manter na retaguarda e nos impedir de manifestar tudo aquilo que desejamos. Nossas desculpas agem como redomas invisíveis dispostas à nossa volta, estabelecendo os limites até onde podemos ir e o que podemos alcançar. Elas justificam a condição em que vivemos, fazendo-nos acreditar que não temos capacidade para alcançar o inalcançável e atingir o inatingível. Imagine-se rodeado por uma redoma de vidro transparente. Toda vez que queremos ir além dessa barreira invisível, chocamo-nos contra o vidro e escorregamos de volta ao ponto de partida. É isso o que acontece quando acreditamos nas nossas desculpas. Inconscientemente, acabamos no lugar de onde viemos, porque nossas limitações foram estabelecidas. Elas foram programadas profundamente em nossas mentes e, como qualquer bom sistema, elas estão apenas seguindo instruções. As desculpas nos mantêm presos em nossas realidades usuais e perpetuam o ciclo contínuo da nossa insatisfação.

As desculpas podem assumir muitas formas:

"Isso nunca vai acontecer comigo." "Não vou conseguir isso de jeito nenhum." "Não sou bom o bastante, não tenho idade suficiente, não sou tão esperto." Ou, que tal: "Sou muito velho, muito burro, muito gordo, muito sofrido, muito [*preencha a lacuna*]?" E estas: "Sinto-me bloqueado. Sinto-me paralisada. Estou confuso. Não consigo evitar isso"; ou: "Não sei de que jeito", despertam alguma coisa em você? Ou, então: "Sou muito preguiçoso. Não tenho energia para isso. Sou um protelador"; ou: "Isso vai acontecer no momento em que Deus quiser; não depende da minha vontade?" Talvez a sua desculpa seja: "Preciso de mais educação, de mais informação, de mais ajuda." Parece familiar para você: "Não estou pronto. Amanhã eu faço isso. Nunca estarei pronto?" Que tal: "Se ao menos eu tivesse tido uma infância diferente. Se ao menos eu tivesse tido um bom modelo para me espelhar. A culpa é dele, a culpa é dela; se ele mudasse um pouco, se ela fosse um pouco mais flexível. Falta-me aquilo que é preciso. Alguém pode definitivamente fazer isso melhor?" O termo incapacitado lhe é familiar? E: "Preciso de ajuda" ou "Se eu disser o que penso, as pessoas não vão gostar de mim"; ou: "Se eu exercer todo o meu potencial, ficarei sozinha. Já não fiz o bastante?" Quais são suas desculpas?

Nossos dramas pessoais — dor, queixas e insatisfação — freqüentemente se tornam as nossas desculpas para não manifestarmos o nosso eu mais grandioso. Os dramas ocupam um espaço tão grande em nossas vidas que a maioria não se reconheceria sem eles. Para que nos desatrelemos de nossos dramas e caminhemos além de nossas limitadas perspectivas, precisamos enxergar o que extraímos do fato de ficarmos apegados a eles.

Um processo rápido que pode ser usado para verificar se você está criando uma desculpa é fazer a si mesmo as seguintes perguntas:

1. Isso é verdadeiro ou é uma desculpa que eu já ouvi antes?
2. Fulano [Dê o nome de uma pessoa a quem você admira e respeita] veria isso como uma verdade ou uma desculpa?
3. Estou me responsabilizando por essa escolha ou estou transferindo a responsabilidade para outros, para Deus ou para a vida?

Responder a essa série de perguntas pode ajudá-lo a determinar se você está justificando as condições em que vive por meio de desculpas. Deixe-me dar-lhe um exemplo. Uma das desculpas favoritas que eu usava era a de que estava muito ocupada para me divertir e tirar uma folga. Eu podia me ouvir queixando-me constantemente enquanto contava minha história dramática de quanto trabalho eu tinha para fazer. Então, um dia, minha amiga Danielle me encostou na parede e me perguntou: "Quem é responsável pela sua agenda?" Embora eu soubesse que a responsabilidade pelos meus horários era só minha, eu tinha mil desculpas para estar sempre tão ocupada: "A culpa é do meu editor. A culpada é minha irmã. Meu agente é o culpado. A culpa é da minha equipe. Eles precisam de mim." Todas essas justificativas me faziam sentir incapaz e uma grande vítima. Inquestionavelmente, eu aceitava essas desculpas como se fossem motivos verdadeiros. Então parei e me perguntei: "Isso é verdade ou uma desculpa que já ouvi antes?" Minha resposta foi, obviamente: "Já ouvi isso muitas vezes." Então pensei na minha amiga Cheryl e me perguntei: "Será que ela sente o que eu digo como verdade ou considera apenas como desculpa?" Percebi imediatamente que Cheryl estava me apoiando para que eu percebesse que ninguém no mundo poderia fazer do meu bem-estar uma prioridade a não ser eu, e que eu estava usando outras pessoas como desculpa para não assumir a responsabilidade pelo meu tempo. Em seguida, eu me perguntei: "Senhor, será que eu estou transferindo para outras pessoas ou para a própria vida a responsabilidade pelo modo como estou vivendo?" E a minha resposta: "Certamente." Foi então que me dei conta de que os meus motivos eram apenas alguma forma de justificativa que eu usava para me sentir como uma vítima impotente da própria vida que estava levando — tudo de que eu precisava era parar de criar desculpas e assumir a responsabilidade pelas minhas escolhas. E foi isso o que eu fiz.

Recentemente, ao dar uma palestra sobre desculpas para participantes de um dos meus programas de treinamento terapêutico, tive mais uma oportunidade de examinar onde eu poderia estar usando justificativas na minha vida. Eu já havia eliminado a maior parte daquilo que me prendia e mantinha repetindo padrões familiares, mas, de qualquer forma, dei uma observada. Então, fazendo já uma semana do meu questionamento, comecei a sentir que uma gripe se aproximava. Meus sintomas de gripe sempre me pareceram os mesmos — a garganta arranhando e cansaço por todo o corpo. Eu conhecia essas sensações muito bem. Parecia que sempre pegava algum tipo de gripe que me impedia de seguir adiante e me deixava de cama por alguns dias. Algumas vezes, eu tentava barrar a doença tomando toda espécie de suplementos vitamínicos; em outras ocasiões eu me rendia a ela e me deixava adoecer e ficar em casa. Aquela semana em particular era excepcionalmente agitada, e senti que não poderia me dar ao luxo de ficar doente. Em meio à minha costumeira dieta de vitamina C e astrágalo, tive uma revelação espantosa: pegar uma gripe era a minha desculpa. Eu estava no meu limite. De repente, a situação ficou clara para mim e eu pude perceber que, sempre que eu precisava de um descanso — todas as vezes em que tinha muitas decisões a tomar ou compromissos a cumprir — eu pegava uma gripe. Essa era a minha desculpa, o meu motivo, o meu álibi — a maneira de eu dizer a todos que eu estava fora de atividade e não poderia assumir mais nada. Pegar uma gripe, acima de tudo, portanto, servia como um cartaz com os dizeres: "Não espere mais nada de mim." Examinando a minha infância, percebi que ficar doente tinha sido um padrão que eu seguira e era uma forma de conseguir receber uma atenção extra dos meus pais.

Fui para a cama naquela noite admirada com o que descobrira, mas ainda sentindo como se fosse contrair alguma doença. Assim que me deitei, fiz uma lista de todas as coisas que eu poderia fazer para me cuidar em vez de ficar doente. Fechando os olhos e me concentrando durante alguns minutos, cheguei facilmente às respostas: o que eu precisava fazer era me assegurar de que eu dispunha de bastante tempo para mim todas as semanas. Minha sabedoria íntima aconselhou-me muito especificamente a separar ao menos uma hora por dia para não fazer nada, a não ser orar e meditar. E mais: eu precisava marcar um dia por mês, o "Dia da Debbie", para fazer coisas que cuidassem do meu bem-estar.

O que eu percebi é que, quando não estou usando as minhas desculpas e me tornando um trapo, mas, em vez disso, sigo a minha orientação interna, fico relativamente forte e saudável. Agora, quando sinto como se fosse ficar doente, mas percebo que essa é uma desculpa para atrair a minha própria atenção, posso resolver arrumar um tempo para me dar a atenção de que estou precisando, mesmo que isso signifique cancelar planos e decepcionar pessoas. Desistir de nossas desculpas nos lança diante da consciência poderosa de assumir a responsabilidade pela nossa vida.

Quando nos tornamos responsáveis, nós nos encaminhamos para a total potencialidade da nossa humanidade. Deixamos para trás os limites impostos pelas nossas histórias e arremessamos para longe nossas convicções sombrias, aquelas crenças que nos dizem: "Você não é capaz." Entramos no conhecimento poderoso de que somos capazes de co-produzir nossos desejos e sonhos. Assumir a responsabilidade de tudo o que somos é o maior presente que podemos dar a nós mesmos, porque nos faz inteiros, transmite-nos poder e nos apóia enquanto seguimos em direção ao nosso potencial completo.

Feche os olhos e diga em silêncio: *Neste momento, eu tenho o poder inato de mudar o rumo da minha vida.* Você se sente forte ou fraco? Não há nada mais emocionante do que saber que temos o poder de mudar. Temos de escolher como queremos encarar o mundo. Ou nos sentimos inspirados pela possibilidade de ser co-produtores de todos os acontecimentos da nossa vida ou continuaremos como vítimas de nossas crenças sombrias, que esgotam o nosso poder, dizendo-nos que de maneira nenhuma nós merecemos tê-lo.

Mesmo que esteja vivendo a convicção de que a vida fez isso com você, quando você consegue dizer: "Eu estou fazendo isto comigo", você vai ser capaz de interromper o processo ou agir de outra forma. A voz do poder diz: "Eu estou fazendo isto. Eu o criei. Sou responsável por isto. Posso mudá-lo." A voz da impotência diz: "Não posso evitar isto. Fizeram isto comigo. Não consigo sair disto." Em todo e qualquer momento da sua vida você tem a oportunidade de escolher em que mundo você vive. Essa é a sua oportunidade para definir o seu mundo.

Poderoso... Impotente... Você escolhe.

PASSOS PARA A CURA

1. Faça uma lista de todos os campos em que você está se sentindo limitado ou frustrado, ou em que não está conseguindo tudo o que desejava. Agora feche os olhos, respire bem fundo e resolva ser totalmente honesto. Com os olhos ainda fechados, faça a si mesmo as perguntas que vêm a seguir, anotando em seu diário tudo o que aparecer.

A quem eu culpo pelas condições em que vivo?

Contra quem eu me volto toda vez que fracasso na tentativa de manifestar todo o meu potencial?

Que comportamentos, hábitos ou padrões autodestrutivos eu costumo usar para provar que me prejudicaram ou me maltrataram?

O que recebo em troca por responsabilizar os outros pela minha realidade?

2. Em outra folha, faça uma lista de todas as desculpas que costuma usar para explicar por que você não consegue concretizar os seus sonhos. Quando tiver terminado, leia em voz alta sua lista de justificativas. Feche então os olhos e mergulhe para dentro de si mesmo. Respire algumas vezes profundamente e faça as seguintes perguntas, anotando depois no seu diário as revelações que suas respostas lhe trouxeram.

Há quantos anos venho usando essas desculpas?

Quais são as necessidades que minhas justificativas satisfazem?

Se eu deixasse de lado as minhas desculpas, a que sentimentos e experiências eu teria acesso que não estão disponíveis para mim agora?

Reflexão

"*Hoje decidi assumir a total e completa responsabilidade pela minha realidade. E eu gosto disso.*"

Capítulo 6

O PODER DESSE PROCESSO

Permaneceremos em nossas histórias até extrairmos todas as lições e a sabedoria de que precisamos para dar ao mundo a nossa contribuição única. É importante para nós compreender que criamos as nossas histórias — com toda a sua grandeza e desesperança — para aprender lições que só a nós se referem e de que mais precisamos. Elas contêm toda a sabedoria necessária para nos tornarmos as pessoas que desejamos ser. As lições para cada um de nós são diferentes. Como diz Deepak Chopra tão lindamente: "Temos caminhado por jardins diferentes, temos chorado em diferentes funerais e temos nos ajoelhado diante de diferentes sepulturas." Cada um de nós tem diferentes triunfos e fracassos, e também diferentes lições a aprender. Mas a orientação divina tem sido o instrumento em cada experiência que vivemos, mostrando-nos cada vez mais claramente quem somos e nos dando exatamente aquilo de que precisamos para realizar o nosso propósito único. Nossas histórias de vida forneceram a cada um de nós um jogo próprio de habilidades e uma mistura exclusiva de sabedoria cujo propósito é que as entreguemos ao mundo.

Para viver fora de nossas histórias, precisamos caminhar corajosamente ao longo da nossa vida regida pelo drama e começar o processo de aceitar e amar tudo o que somos e o que não somos. Precisamos passar um tempo examinando cada capítulo da nossa vida, descobrindo os pontos aos quais ainda estamos presos, feridos ou incompletos. Precisamos assumir o compromisso de deixar os ressentimentos de lado e parar de acusar os outros pela vida que levamos. É preciso que queiramos assumir a responsabilidade pelas nossas condições atuais e por nos livrar de toda a bagagem do nosso passado que ainda carregamos. Precisamos nos comprometer a percorrer o caminho dos dramas pessoais e, finalmente, fazer as pazes com a nossa história.

PARE DE PROCURAR OS BONS MOMENTOS

Milhões de pessoas gastaram bilhões de dólares tentando alcançar níveis mais profundos de paz interior — em vão. Outras foram capazes de fazer algum progresso no sentido de se sentir melhor em relação à sua vida, limpando seus pensamentos, armários e relacionamentos. Enquanto outras pessoas continuam a procurar, tentando desesperadamente encontrar a resposta certa — aquela que vai libertá-las do sofrimento. Mas não há saída. Ao evitar a dor, perpetuamos nossos dramas e carregamos o nosso passado conosco todos os dias. É quase impossível apreciar onde estamos ou o que estamos fazendo quando o passado está exatamente sob a superfície da nossa consciência, de tocaia a cada movimento nosso, lembrando-nos de nossos fracassos e traumas. Para iniciar o processo de fazer as pazes com as nossas histórias, precisamos assumir o compromisso de abandonar todos os comportamentos que usamos para anestesiar a nossa dor. Se examinarmos bem de perto esses comportamentos e quisermos contar a verdade, provavelmente perceberemos que a maioria dos modos que usamos para nos tornar insensíveis não funcionam direito. Para sarar, precisamos parar de procurar o que chamamos de "bons momentos". O processo que será descrito a seguir oferece a você uma saída para o ciclo sem fim da insatisfação. Não é um caminho fácil. Eu não acredito que *haja* um caminho fácil, mas posso garantir-lhe que o caminho direto para a paz e a satisfação duradouras é mais fácil de percorrer do que o caminho sinuoso da procura contínua, tentando e falhando.

Viver uma vida na qual sentimos, do fundo do nosso ser, que há algo de errado conosco — que não somos bons o bastante ou que não temos nenhuma importância — é um inferno difícil de enfrentar. Da mesma forma que viver uma vida em que nossos sonhos estão sempre um passo adiante de nós. A desesperança, a insatisfação e o abismo do sofrimento emocional, aparentemente sem fim, matam nossos espíritos e nos separam do nosso eu mais extraordinário. Nada é pior para o espírito humano. Nada pode afastar mais a nossa força vital do que a crença de que somos deficientes ou imperfeitos, ou de que, de algum modo, não temos conserto.

ACEITE-O POR INTEIRO

O processo de fazer as pazes com as nossas histórias exige que identifiquemos, compreendamos e aceitemos tudo o que aconteceu no nosso passado que nos tenha causado sofrimento. O processo será o mesmo se estivermos tentando nos recuperar de um incidente doloroso, incorporar uma convicção sombria ou fazer as pazes com algum aspecto nosso não desejado. Tanto faz se sofremos de depressão, fraqueza, insatisfação, sensação de ter pouco valor, arrogância ou auto-estima baixa, o caminho da recuperação é o mesmo. O modo da mente processar a condição de crescer na companhia de uma mãe zangada não difere daquela usada quando o fato relacionado é o abuso sexual praticado por um primo. Nós trabalhamos a decepção da perda de um emprego do mesmo modo como o fazemos em relação à raiva contra a pessoa que partiu o nosso coração. Alguns podem ser mais dolorosos, outros podem deixar cicatrizes mais profundas, mas o caminho para a recuperação permanece o mesmo. À medida que vamos fazendo a jornada interna para aceitar a nossa história e todos os seus ingredientes, começamos a enxergar a vida que está adiante de nós, uma vida que vai nos dar a dádiva do nosso eu eterno. Nossas falhas e traumas, tão logo sejam entendidos e trabalhados, vão nos levar às profundezas de nosso íntimo e nos devolver à nossa essência divina.

ENCONTRE A DÁDIVA DENTRO
DO SOFRIMENTO

As questões que permanecem imediatamente sob a superfície da nossa consciência são os caroços da nossa massa. Essas feridas não cicatrizadas são responsáveis por não sairmos das limitações daquilo que achamos que somos. São também a cola que mantém a nossa história grudada em seu lugar. Esses caroços podem parecer inconseqüentes, mas muitas vezes estão ligados a questões mais profundas. Por exemplo, quando eu tinha vinte e poucos anos, eu realmente queria ser uma atleta. Admirava as pessoas que jogavam tênis, que esquiavam ou participavam de qualquer evento esportivo. Muitos amigos e parentes eram grandes atletas, mas eu tinha a convicção sombria de que eu era muito franzina e fraca para participar de qualquer esporte. Foi então que me interessei por um homem chamado Kevin, um tenista profissional. Certo dia, enquanto conversávamos, Kevin me perguntou por que eu não jogava tênis como o meu irmão e a minha irmã. Imediatamente embarquei na minha história sobre como eu nunca fora encorajada a jogar tênis porque o meu físico não era adequado. Diziam-me que eu não era forte o bastante ou suficientemente coordenada, além de ser canhota. Com um ar de caçoada, Kevin me perguntou quantos anos eu tinha quando me falaram tudo isso. Tentei me lembrar da primeira vez que ouvira essas palavras. Vi a minha imagem aos dez anos, sentindo-me toda desajeitada. Eu podia sentir ainda a sensação familiar de inadequação e vergonha por não me ajustar a nada. Lutando contra as lágrimas provocadas pela lembrança dessa mágoa, contei a Kevin as vezes em que me coloquei de lado acreditando que havia algo fisicamente errado comigo. Aquelas lembranças dolorosas me perseguiram durante anos, impedindo-me de tentar esportes novos, ou até mesmo de jogar vôlei na praia. Kevin ouviu-me com toda a atenção e então, com um brilho malicioso no olhar, disse: "Não me parece que haja qualquer coisa de errado com você agora. Por que não saímos e vamos jogar um pouco?" Meu primeiro impulso foi dizer não, mas depois de alguns dias de encorajamento saí com ele e, pela primeira vez, bati com uma raquete numa bola de tênis. Para minha surpresa, tudo se passou naturalmente, e eu me comprometi a tomar aulas de tênis e pratico esse esporte desde essa época.

Ao enfrentar esse caroço da minha massa, essa mágoa que me dizia que eu era descoordenada e defeituosa, quebrei os limites dessa história. Esse incidente desencadeou uma série de lembranças do tempo em que me sentia desengonçada e frágil, o que me permitiu ver todas as vezes em que desejei ser mais baixa, mais gorda e mais forte. Ao enfrentar essas feridas não cicatrizadas, revelou-se todo o sofrimento que senti como uma adolescente que se via como uma esguia vara de bambu. Cheguei a chorar pela dor daquilo que eu considerei a mais humilhante das experiências que vivi: eu estava no meu baile de formatura da sétima série, vestida com um vestido de veludo vinho que minha tia Laura costurara para mim, quando Todd Halpren, um rapaz muito popular na minha escola, levantou-me e me pôs no palco enquanto o vocalista do conjunto cantava: "Quem é essa garota com pernas magricelas?" Eu me senti arrasada de tanta vergonha e nunca mais quis pôr os pés naquela escola.

Minha magreza era o meu mais profundo pavor. Eu até tentava disfarçá-la usando uma roupa sobre a outra para fazer volume. Passava horas diante do espelho, tentando sem sucesso dar uma aparência diferente ao meu corpo. A verdade seja dita: por toda a minha adolescência, eu me vi como uma Olívia Palito de cabelos compridos. Sim, eu realmente usei os cabelos compridos durante muitos anos, pensando que com isso os outros iriam pensar que eu era mais encorpada. Torturei-me durante anos, acreditando que, se tivesse um corpo diferente, eu seria uma pessoa ajustada e me sentiria bem. Conforme fui desfazendo esse caroço, descobri que todo o meu sofrimento, de certo ponto de vista, gerara talentos. Como eu tinha de ser criativa na hora de escolher estilos de roupa que se adaptassem ao meu porte franzino, aprendi muita coisa sobre moda, estilos e cores. Aos treze anos eu já trabalhava numa loja de artigos femininos vendendo roupas e ajudando mulheres a criarem um estilo próprio que favorecesse a sua aparência. Eu era boa no que fazia porque era sensível ao sofrimento de ter um corpo que não estava à altura do que se desejava.

A revelação dos meus traumas permitiu-me desenvolver um novo relacionamento com o meu corpo. Em vez de me ressentir por ser magra e fraca, eu fui capaz de aceitar a graça e a agilidade de meus ossos longos e finos. Esse ingrediente da minha receita continuou a me servir durante a minha vida adulta. Serviu-me quando trabalhei como agente e consultora de imagem. Mesmo hoje, nos meus programas de treinamento, quando treino pessoas para conduzir seminários e atuar diante de um público, um dos talentos que exerço é apoiá-las para que voltem ao seu estilo natural para que, dessa forma, a aparência que apresentem não seja um obstáculo às suas mensagens.

Criamos uma história cercando cada incidente da nossa vida. Essas histórias estabelecem fronteiras internas, que nos dizem o que podemos e o que não podemos fazer. Precisamos prestar atenção e perceber que cada um desses pequenos dramas, cada caroço que se forma na massa, faz seu caminho para dentro das histórias maiores da nossa vida. Eu nunca teria imaginado que meus sentimentos de inadequação para a prática de esportes era apenas a ponta do *iceberg*, e que isso iria me levar à descoberta e à cura de um problema mais profundo em relação ao meu corpo. Aceitar o sofrimento do meu passado permitiu-me transcender as limitações impostas pela minha história e obter mais alegria na minha vida.

ONDE ESTÃO OS SEUS CAROÇOS?

As feridas emocionais que carregamos não nos deixam saltar para fora de nossas histórias porque a dor que sentimos atua como uma cerca que nos prende dentro delas. Temos milhares de experiências diferentes ao longo da nossa vida, mas somente algumas permanecem na nossa mente, repetindo-se indefinidamente. Esses são os caroços que se formam na nossa massa, às vezes visíveis, outras vezes escondidos. De um jeito ou de outro, precisamos encontrá-los e fazer com que eles se incorporem à massa.

Pare agora e feche os olhos. Inspire profundamente e pergunte a si mesmo: "Qual o incidente ou acontecimento do meu passado que ainda me causa sofrimento, raiva ou pesar?" Alguma coisa vai surgir, e quando isso acontecer você terá acabado de localizar um dos caroços que estão no meio da sua massa. Pode ter acontecido dois dias atrás ou há vinte e dois anos. Não importa. Se quiser ficar livre para usar a sua história em vez de ser usado por ela, é preciso incorporar todos os aspectos do seu drama.

Os caroços presentes na nossa massa nada mais são do que acontecimentos do nosso passado que não foram trabalhados. Assim que descobrimos e aceitamos o que cada caroço significa, podemos começar a incorporar todos os ingredientes da nossa receita. A incorporação acontece espontaneamente quando descobrimos as dádivas do nosso passado. Escondidas na escuridão de nossos momentos mais difíceis estão as lições que precisamos aprender. Essa incorporação exige de nós que vejamos nossas vidas como instrumentos de ensino e que respeitemos tudo o que aconteceu conosco. Assim que conseguimos enxergar o nosso passado e tudo o que está contido nele como nosso professor e guia, ficamos sabendo que incorporamos completamente todos os ingredientes da nossa receita. Não vamos mais desperdiçar o nosso tempo imaginando por que certas coisas aconteceram, nem vamos lutar mais contra nossas histórias. A incorporação iguala-se à liberdade. Finalmente, seremos capazes de parar — parar de tentar consertar, mudar ou melhorar a nossa história —, em vez disso, teremos dado um importante passo na jornada para fora dela.

COMO LIDAR COM OS SEUS CAROÇOS

Quando Allie tinha oito anos e estava na segunda série, certo dia sua mãe a deixou na porta da escola e, antes de ir embora, deu-lhe um abraço apertado e lhe disse que voltaria às duas da tarde para pegá-la. Depois da aula, Allie encaminhou-se para o lugar onde os pais passavam com o carro para pegar as crianças. Ela logo encontrou um espaço onde se encaixar e ficou esperando ansiosamente, pronta para ir para casa depois de um longo dia de aula. Allie via um carro depois do outro passar, encher-se de crianças e ir embora. Vinte minutos depois, todos os seus amigos tinham ido embora e ela ficara ali, sozinha. Sem saber o que fazer, ela ficou olhando rua acima e rua abaixo para ver se enxergava sua mãe. Mas sua mãe não chegou. Quando o estacionamento ficou totalmente vazio, Allie sentiu-se perdida e desesperadamente assustada. Certamente a mãe se esquecera dela e, sem saber mais o que fazer, Allie começou a caminhar para casa sozinha. Sentindo-se embaraçada e envergonhada por ter sido esquecida, Allie curvou os ombros e abaixou a cabeça na esperança de que nenhum conhecido a reconhecesse.

Nesse dia, na segunda série, Allie tomou algumas resoluções que iriam afetá-la para o resto da vida. Ela se convenceu de que devia haver alguma coisa de errado com ela e que esse era o motivo de ter sido esquecida, e essa se tornou a história de Allie. Ela fez a ausência da mãe significar que ela, Allie, não fazia parte de nada e, portanto, não poderia ser amada. Afinal, ela raciocinava, se fosse uma boa menina e a sentissem como parte da família, sua mãe jamais a esqueceria naquele dia. Ela também resolveu, naquele momento e naquele lugar, que não podia depender das pessoas. Sentada ao meu lado, vinte anos depois desse incidente, Allie ainda podia sentir a dor dilacerante no seu coração. Nós tínhamos acabado de descobrir um caroço que não tinha sido desfeito na massa de Allie, que ainda a dirigia, limitando o grau de intimidade que ela experimentava nos seus relacionamentos pessoais e o nível de responsabilidade que ela admitia assumir no trabalho. Allie queria desesperadamente aprender as lições desse incidente doloroso — para descobrir suas dádivas — e ir adiante na vida.

Pedi a Allie para fazer uma relação de todos os comportamentos que assumira que eram derivados das conclusões a que chegara naquele dia — que ela não tinha a menor importância para ninguém e que não era uma boa menina. Pedi a ela que relatasse por escrito de que modo sua vida fora afetada negativamente por essas conclusões. Ela fez uma lista mais ou menos assim:

Preciso sempre me desviar do meu caminho para ser extremamente gentil com as pessoas e fazer tudo o que eu puder para torná-las felizes.

Sigo sempre com a multidão; assim, não sou deixada de lado.

Comprometo minhas próprias necessidades pelas necessidades dos outros.

Não posso falar abertamente, nem dizer o que eu penso ou sinto, porque então posso ser deixada de lado.

Sinto-me obrigada a ceder todo o meu poder para os outros.

Perguntei então a Allie se ela conseguia perceber que ainda estava acusando sua mãe por tê-la esquecido naquele dia. Embora tivesse um ótimo relacionamento com a mãe, Allie pôde perceber que ainda guardava ressentimento contra ela por causa daquele incidente. Ela conseguiu perceber também que, inconscientemente, culpava sua mãe toda vez que se descobria assumindo um dos comportamentos de sua lista. Allie havia feito anos de terapia, além de outros trabalhos nesse sentido, e estava surpresa por ter descoberto que ainda culpava sua mãe. Perguntei então a Allie o que ela extraía do fato de ficar presa a esse incidente. Ela me respondeu devagar: "Fico com a certeza de que não se pode contar com ninguém e que as pessoas nunca estão presentes quando você precisa delas."

O próximo passo foi orientar Allie para pensar sobre tudo isso e descrever por escrito todas as vezes em que co-produzira roteiros semelhantes em sua vida. Afinal, ela se sentiu melhor ao relatar a verdade da sua história. Allie descobriu que, em mais de cinco relacionamentos, ela tinha sido capaz de provar a si mesma que não era importante e que as pessoas não ligavam para ela. Essa era uma história familiar, e ela a conhecia muito bem. Allie havia repetido o enredo dessa história vezes sem conta — não apenas nos relacionamentos mais importantes, mas também nas pequenas coisas, como permitir que a passassem para trás numa promoção de trabalho ou deixando que outras pessoas tomassem o seu lugar na fila do caixa. Toda vez que era ignorada ou deixada para trás, Allie não só tinha a satisfação de estar certa sobre ser uma pessoa sem importância, mas também tinha de culpar a mãe mais uma vez por tê-la deixado na escola naquele dia. Vinte anos depois, depois de ter perdido um emprego e vivido mais uma vez o fracasso de um relacionamento, Allie estava pronta para incorporar esse incidente e todo o sofrimento que ele trazia consigo.

Pedi a Allie que fechasse os olhos, examinasse o seu íntimo e perguntasse a si mesma o que ela precisava fazer para se curar dos efeitos desse incidente. Ela disse que desejava que sua mãe escrevesse uma carta dizendo-lhe o quanto sentia pelo que tinha acontecido e que tinha consciência do sofrimento que suas ações tinham desencadeado. Allie sabia que sua mãe poderia não querer fazer isso, mas ela sentia que, de qualquer maneira, precisava pedir-lhe. Eu lhe disse que, se a sua mãe se recusasse, ela poderia facilmente escrever uma carta endereçada a si mesma do ponto de vista da sua mãe. Allie telefonou para a mãe, e ela, embora mal se lembrasse do incidente, dispôs-se a escrever a carta, sabendo que isso ajudaria a recuperação de Allie. O texto a seguir foi o que a mãe dela escreveu:

Minha querida Allie,
Esta carta é um pedido de desculpas pelo incidente que você me relatou da última vez que nos falamos. Como você, uma menininha, ficou machucada quando prometi pegá-la na escola e não apareci. Sinto muito que você tenha passado por essa experiência. Gostaria de poder mudar o passado, mas não posso. Não consigo nem imaginar todo o medo e abandono que deve ter sentido e como deve ter ficado assustada. Quando você me contou, pude sentir na sua voz toda a dor e o sofrimento que você viveu naquela ocasião.
Eu gostaria de lhe dizer o quanto sinto por você ter passado por essa experiência. Você é tudo para mim no mundo. Jamais tive a intenção de magoá-la. Estou contente por você ter-me contado esse incidente; só assim essa ferida pode ser cicatrizada. Espero que esta carta possa curar parte da sua dor e ajude você a encerrar essa questão. Se eu puder fazer algo mais para ajudá-la nesse processo, por favor, diga-me. Eu amo você muito e assumo totalmente a responsabilidade pelo que aconteceu. Por favor, perdoe-me.

Com amor,
Mamãe

Allie leu essas palavras e chorou de alegria e tristeza: tristeza de uma criança perdida e sozinha e alegria de uma mulher adulta recuperando-se do sofrimento do seu passado.
Depois de passar alguns dias relendo a carta da mãe, Allie ficou pronta para dar o próximo passo para extrair a sabedoria que esse trauma guardara para ela. Mais uma vez, pedi a Allie que cerrasse as pálpebras e ponde-

rasse sobre o que tinha aprendido como resultado daquele incidente. Allie me disse que, por causa desse acontecimento, ela resolvera que jamais deixaria alguém se sentir sem importância ou deixado de lado. Assim, ela se tornara uma amiga e uma parente responsável e digna de confiança. Olhando para mim, não com a expressão magoada de uma criança mas com a segurança de uma mulher adulta, ela disse: "Se eu lhe disser que estarei em algum lugar, estarei lá de qualquer maneira. Estar presente é uma prioridade na minha vida. Sou sensível às necessidades das pessoas e sempre procuro mostrar-lhes como elas são importantes." Então eu perguntei a Allie como esses talentos tinham funcionado para ela. Era fácil perceber como seu carinho e seus cuidados tinham ajudado tantas pessoas e como a levaram a querer ajudar crianças, ensiná-las e cuidar delas. Seu comprometimento com as pessoas é uma das coisas de que ela mais gosta em si mesma. Colocando-se diante desses talentos, Allie pôde apreciar a sabedoria e o valor que recebeu do trauma que a tinha perseguido durante tanto tempo. Expliquei a Allie que os sentimentos de não ser importante e de ter sido abandonada poderiam aparentemente continuar a surgir porque tinham estado com ela durante muito tempo. A questão não era como ela iria se livrar desses sentimentos, mas como poderia ser boa e paciente consigo mesma quando eles estivessem presentes. Assegurei mais uma vez a Allie que, se ela pudesse se amar e aceitar-se mesmo quando estivesse se sentindo sem importância ou abandonada, ela seria capaz de usar o sofrimento como parte da sua receita. Nós duas concordamos que essas qualidades nascidas da sua dor seriam vitais para ela no futuro.

O PROCESSO DE INTEGRAÇÃO
— PASSO A PASSO

Usei um processo diferente para ajudar Allie a se transformar de menininha vítima numa mulher forte e consciente de seus talentos. Esse processo funciona, sejam quais forem os detalhes específicos que possa ter uma história pessoal.

1. *Descubra o problema ou a mágoa que realmente causa o seu sofrimento.* Pode ser alguma coisa que está acontecendo na realidade do seu dia-a-dia, como um relacionamento difícil ou um problema que esteja ocor-

rendo com seu corpo ou com suas finanças. Ou pode ser um aconte-cimento que ocorreu no passado que ainda o faz sentir-se marcado, ferido ou colocar-se na condição de vítima. Assim que tiver localiza-do o caroço que está presente na sua massa, comece a perguntar a si mesmo: "Isso faz com que eu me sinta de que forma?"

2. *Feche os olhos e pergunte a si mesmo: "Quando foi que eu me senti assim antes? Qual o incidente do passado que isso me recorda?"* Deixe que uma cena dos primeiros tempos de sua vida chegue à sua consciência e observe o incidente que surgir o mais detalhadamente possível.

3. *Pergunte a si mesmo: "Qual foi o significado que dei a esse acontecimento?"* O significado que damos aos acontecimentos é a fonte do nosso so-frimento, não o acontecimento. Cada um de nós interpreta os acon-tecimentos e as circunstâncias de modo diferente. O significado que conferimos às experiências que vivemos vai determinar se usaremos o incidente para nos fortalecer e seguir adiante, ou para nos enfra-quecer e nos manter imobilizados.

   Vanessa e Emma são irmãs e ambas eram muito pequenas quando o pai abandonou a família. Vanessa, a irmã mais nova, ficou feliz por poder ficar com a mãe todinha para ela e por poder gozar da paz e do sossego que passaram a reinar na casa a partir do momento em que não foi mais obrigada a ouvir os pais brigando. Emma teve uma reação totalmente diferente. Ela atribuiu a saída do pai ao fato de ela não ser uma pessoa capaz de ser amada, além de sentir-se envergo-nhada por não ter mais uma família de verdade. O incidente não modificou a consistência da massa da receita de Vanessa, mas apare-ceu na forma de um grande caroço na de Emma. Quando descobre a resolução que tomou em relação a si mesmo, você pode descobrir que esse é um tema recorrente na sua vida.

4. *Faça uma lista dos comportamentos e dos padrões recorrentes que resultaram da sua resolução.* Por exemplo, se você decidiu que era um ser imprestável, incapaz de despertar amor, ou que não era bom o bas-tante, observe outras experiências que reforçaram essa opinião.

5. *Descubra em quem você põe a culpa pela opinião limitadora que formou a seu próprio respeito e a quem você acusa por tudo o que tem acontecido em função disso.* Você realmente quer buscar todos os modos, os momentos e as situações em que teve de provar que estava certo e a outra pessoa

errada. De quem você se lembra todas as vezes em que esse tema volta a tocar e você se descobre comprometido com padrões auto-destrutivos?

6. *Feche os olhos e pergunte a si mesmo: "O que é preciso fazer para que eu me recupere desse incidente?"* Existe algum ritual que você possa cumprir e que o ajudaria a trabalhar a dor que cerca o incidente? Há alguma coisa que você precise dizer ou que gostaria que outra pessoa dissesse para se sentir completo? Escrever é um bom modo de desfazer caroços emocionais — desde que você escreva livremente para expressar seus sentimentos ou escreva uma carta de verdade para a pessoa envolvida.

7. *Descubra as coisas boas que esse incidente lhe deu.* Este é o passo final — e o mais importante — deste processo. Faça uma lista de tudo o que ganhou, de tudo o que aprendeu e de tudo o que agora sabe como conseqüência de ter vivido esse incidente. Por exemplo, se durante toda a sua vida você foi desvalorizado pelos seus pais e chamado de idiota, você pode ter tomado a decisão de estudar muito, destacar-se nos estudos e fazer da sua vida algo importante. Mas agora que fez essas coisas, em vez de se sentir feliz com as suas conquistas, você ainda está preso ao ressentimento voltado contra seus pais. Para achar a dádiva dessa experiência, você precisa de toda a revelação positiva e das lições que esses acontecimentos trouxeram a você. Você pode perguntar: "Com que sabedoria eu posso agora contribuir para o mundo, e que eu poderia não ter alcançado se esses incidentes não tivessem acontecido?" Ser chamado de idiota quando criança pode fazê-lo mais paciente em relação a seus próprios filhos. Pode levá-lo a estudar muito, a educar-se melhor e a ler bastante. As dádivas podem se mostrar de muitas formas, e para cada um de nós elas serão diferentes. Reconhecer essas dádivas é um passo vital no nosso processo de cura porque, até que encontremos as bênçãos que vieram com os acontecimentos negativos da nossa vida, essas experiências continuarão a nos controlar. Transcender nossas histórias exige que se extraiam as dádivas, lições e a sabedoria de cada acontecimento que teve um efeito dramático sobre nós. Assim que aceitarmos esses acontecimentos, seremos capazes de misturar tudo o que somos em uma batedeira gigante e incorporar esses ingredientes à nossa consciência. Ao aceitar tanto o sofrimento quanto as

dádivas que esses incidentes nos trouxeram, veremos como nossa vida foi projetada e talhada para um propósito único. Somente então a contribuição que está oculta em nossos dramas pessoais será revelada.

Uma outra história que ilustra como esse processo funciona é relatada a seguir. Enquanto você a lê, tente distinguir cada um dos passos lo processo.

Natalie me procurou depois de seis anos de relacionamento com Jeff, um homem divorciado, sensível e amoroso. Embora ele tivesse todos os atributos que ela sempre desejara num homem, Natalie passa'' boa parte de seu tempo sentindo-se irritadiça e posta de lado. Por motivo , que nem Natalie conhecia, não interessava o quanto Jeff reafirmasse o seu amor, ela continuava a sentir que era menos importante que o filho dele, Jesse. Natalie contou-me que perdia muito tempo e esforço disputando com Jesse a atenção de Jeff e que, quando perdia — o que acontecia com freqüência —, agia como uma criança emburrada. Em muitas ocasiões, Natalie ia , ra o quarto e se trancava quando Jesse vinha visitá-los. Mesmo quando ele não estava presente, Natalie guardava todas as suas fotos porque lhe era muito doloroso saber que Jeff dividia seu coração com outra pessoa.

Sabendo que o problema com Jeff e Jesse tinha origem em alguma ferida antiga que não cicatrizara, pedi a Natalie para fechar os olhos e procurar no passado uma outra ocasião em que sentira que não era merecedora de receber o amor que desejava. Natalie contou-me que, quando tinha onze ou doze anos, sua mãe tivera um colapso nervoso e fora internada. Enquanto a mãe estivera ausente, o pai de Natalie a cobrira de presentes: roupas, perfumes e — o mais importante — sua aten, io exclusiva. Mesmo sentindo falta da mãe, Natalie pela primeira vez na vida sentiu-se particularmente cuidada e muito próxima do pai. Quando a mãe voltou para casa alguns meses depois, o que aconteceu não foi a reunião alegre que Natalie imaginara. Em vez disso, a mãe começou a fazer perguntas, querendo saber por que ela ganhara tantas roupas novas, perfumes e outras manifestações de tratamento especial. A mãe tinha ficado evidentemente zangada com seu pai porque ele lhe dera tanta atenção. De repente, Natalie teve consciência de que seus pais estavam brigando por sua causa, ao mesmo tempo que o pai se afastava dela, pondo um ponto final na ligação mais íntima que haviam compartilhado. A dor dessa separação continuava presente em Natalie. Perguntei-lhe qual o significado que atribuíra ao afastamento do pai. Ela me respondeu que, para ela, aquilo queria dizer que ela não era importante o bastante para receber a atenção de que precisava.

Pedi a Natalie, então, que fizesse uma lista relacionando todos os pontos em que essa decisão tinha causado um impacto negativo na sua vida. Esta é a lista dela:

Depois que senti meu pai se afastando, comecei a me vestir sedutoramente, tentando desesperadamente chamar a atenção para mim.

Tornava-me uma pessoa raivosa e ressentida todas as vezes em que um homem com quem eu estivesse saindo prestasse atenção em outra mulher, mesmo que fosse a mãe, a irmã, a empregada ou uma velha amiga dele.

Desde mocinha, sempre senti a necessidade de controlar os homens com quem me relacionei. Eu controlava seus horários e precisava sempre saber aonde iam e com quem.

Eu me humilhei inúmeras vezes, demonstrando ciúme e raiva, quando não conseguia a atenção que eu queria.

Fui tão insegura que rompi relacionamentos com homens ótimos, porque não sentia que eles tinham a intenção de me fazer a pessoa mais importante de suas vidas.

Natalie percebeu facilmente como esse incidente, e as conclusões que o acompanharam, tinham influenciado os relacionamentos que tivera com outros homens. Pedi-lhe que fechasse os olhos e tentasse ver a quem ela se sentiu forçada a culpar por ter adotado esse tipo de comportamento. Num rompante, ela respondeu: "Minha mãe." Natalie ficou surpresa com a resposta, porque sempre imaginara que culpava o pai pelo seu afastamento. Mas naquele momento Natalie conseguiu perceber que acusava a mãe pelo afastamento do pai, sentindo que a mãe o forçara a escolher entre as duas. Ficou claro para Natalie que, toda vez em que agia ciumentamente e sabotava um outro relacionamento, estava com o dedo em riste apontando para a mãe morta e dizendo: "Viu o que fez comigo? É tudo culpa sua." Com lágrimas de tristeza escorrendo pelo rosto, Natalie contou-me que sua mãe, dias antes de morrer, ficara em coma, mas na véspera de sua morte ela acordara e olhara em torno. Natalie correra para perto dela, segurara a sua mão e dissera: "Mãe, eu te amo." A mãe de Natalie então pronunciou sua última palavra: "Verdade?" Natalie chorou enquanto me confessava que essa palavra a perseguira durante vinte e cinco anos. Perguntei a Natalie qual fora o significado que atribuíra ao que a mãe lhe havia dito. Ela me respondeu que tinha interpretado "Verdade?" por "E daí?", mas ali, naquele momento comigo, ao lembrar a cena, o que a mãe lhe disse passou a significar: "Depois de tudo o que aconteceu, como seria possível você ainda gostar de mim?"

Pedi a Natalie para se concentrar e ver o que seria necessário para se recuperar desse incidente, para desfazer esse caroço que lhe causara tanta dor e, afinal, incorporá-lo à sua massa. Incentivei-a a escrever o máximo possível a respeito desses acontecimentos, para fazer brotar outras lembranças e sentimentos e, assim, poder resolvê-los de vez. Quando nos encontramos alguns dias depois, Natalie contou-me que, enquanto escrevia em seu diário, ela percebera que sua mãe não era uma pessoa vingativa ou rancorosa, mas uma mulher desprezada e profundamente insegura. Seu pai era mulherengo e tinha sido infiel diversas vezes. Durante vinte e cinco anos, Natalie fizera terapia, trabalhando seus problemas com o pai, pensando que era pelo amor dele que ela se desesperava. Ela continuava reencenando a mesma situação do passado, tentando inconscientemente conseguir a atenção do pai através de Jeff e de outros homens. Ao trabalhar a incorporação dessa experiência, Natalie agora podia ver que era o amor de sua mãe que ela buscara todo o tempo. De repente, Natalie enxergou o ciúme de sua mãe sob uma nova luz. A mãe dela só queria amor e atenção, exatamente como Natalie. Essa revelação trouxe-lhe novas lágrimas, só que não era mais o choro de uma menina traída pela mãe, mas lágrimas de compaixão e de verdadeiro entendimento. Quando perguntei a Natalie se ela tinha pensado num ritual de cura para realizar com sua mãe, ela me disse que lhe ocorrera uma idéia quando estava examinando fotografias antigas. O ritual de cura de Natalie era olhar para a fotografia da mãe todas as noites antes de dormir e imaginar que a estava abraçando. Então poderia dizer as palavras que sua mãe sempre desejara ouvir: "Eu a amo de verdade, mamãe. Você é uma pessoa que desperta amor e é muito importante." Ao se comprometer a amar e a perdoar a mãe, Natalie pôde ter acesso a uma parte do seu ser capaz de cuidar maternalmente de si mesma.

A última parte do processo para Natalie foi descobrir as dádivas que tinham sido geradas pela última palavra que a mãe lhe dissera e recolher a sabedoria que estava escondida na convicção sombria de que era uma pessoa incapaz de ser amada. A dádiva que Natalie relatou como principal foi a força que a levou a se tornar uma terapeuta de família impulsionada pelo seu sofrimento na infância, e que seus problemas não-resolvidos com seus pais tinham dado a visão e a compaixão de que ela precisava para trabalhar com seus clientes. As batalhas que tivera com o filho de Jeff a tinham capacitado para dar orientação a outras famílias mistas, formadas por pais divorciados, apoiando-os na criação de relacionamentos saudáveis e completos. E como ela conhecia muito bem a dor de não ter o amor incondicional da mãe, Natalie tornou-se uma especialista em ensinar às pessoas como cuidar de si mesmas maternalmente, preenchendo suas necessidades não satisfeitas.

A princípio, o processo de integração pode parecer assustador, porque a maioria sofre dores do passado que nunca haviam sido examinadas; mas o que eu descobri ao orientar milhares de pessoas ao longo desse processo é que, se estivermos dispostos a ir em primeiro lugar atrás do incidente mais traumático, os traumas secundários e os problemas menos importantes vão definhar por conta própria. Freqüentemente, vamos descobrir que muitos dos nossos períodos mais traumáticos estão ligados a um acontecimento maior que nos levou a tomar uma decisão visceral a respeito de nós mesmos, uma resolução que formou a história da nossa vida. Naquele momento, demos à luz uma de nossas convicções sombrias, que se repetiu por toda a nossa história de vida.

Já que cada um de nós tem a dar a sua contribuição exclusiva, diferente daquela de qualquer outra pessoa, somos os únicos capazes de descobrir o nosso tesouro íntimo. A bênção em que podemos nos tornar só pode ser vista quando estamos prontos — quando aceitamos todos os componentes de nossas histórias individuais; quando desistimos do nosso direito de acusar e culpar os outros pela vida que levamos. Curar as feridas do nosso passado é um processo sagrado. É um acontecimento consagrado, um momento em que decidimos sair de nossos dramas, da pequenez de nossos seres individuais para ver a santidade da nossa existência. Ao receber a sabedoria transmitida pelos nossos sofrimentos, livramo-nos do passado e ficamos prontos para agarrar alguma coisa realmente surpreendente — o nosso propósito Divino na vida.

PASSOS PARA A CURA

O exercício que vamos descrever é vital para curar o passado e revelar as dádivas que permanecem ocultas nos acontecimentos dolorosos da sua vida. É importante que você preste muita atenção ao processo. Reserve pelo menos meia hora sem interrupções e crie uma atmosfera que irá ajudá-lo a fazer um profundo trabalho interior. Deixe seu diário e uma caneta à mão. Lembre-se: todas as respostas de que precisa estão dentro de você; basta que você fique em silêncio para poder ouvi-las.

Quando estiver pronto, feche os olhos e respire profundamente cinco vezes, usando a respiração para relaxar e acalmar a mente. Leia as perguntas uma a uma. Feche os olhos e deixe que a resposta brote do seu íntimo. Assim que obtiver a resposta a uma pergunta, abra os olhos e anote-a no seu diário, passando em seguida à próxima questão.

Qual é o acontecimento do presente ou do passado que ainda me causa sofrimento, raiva ou remorso?

Como me sinto diante dessa situação?

Quando senti essas emoções anteriormente? Que incidente do meu passado me vem à memória com esses sentimentos?

Qual foi o significado que dei a esse acontecimento? O que eu concluí que era verdadeiro a meu respeito?

Como essa conclusão influenciou negativamente a minha vida?

Em quem eu pus a culpa pela decisão que tomei e por tudo que me aconteceu como resultado dessa decisão?

O que precisa me acontecer ainda para me curar desse incidente? É preciso que eu faça ou diga alguma coisa para me sentir completo?

O que ganhei, o que aprendi e o que agora eu sei por ter vivido esse incidente? Com que sabedoria posso agora contribuir para o mundo como resultado daquilo por que passei?

Reflexão

*"Todos os acontecimentos dolorosos
da minha vida me proporcionaram grandes
dádivas. Sem esforço, eu as descubro."*

Capítulo 7

FAÇA AS PAZES COM
A SUA HISTÓRIA

Para nos livrarmos dos limites de nossas histórias, é preciso querer desistir do conforto dos casulos que nós mesmos construímos. Alguém me contou a história de uma menininha que perguntou a uma sábia velha senhora: "Como alguém se transforma numa borboleta?" Com uma piscadela e abrindo um grande sorriso, a senhora respondeu: "Você precisa desejar tanto voar que vai querer desistir de continuar sendo uma lagarta." Romper os casulos de nossas histórias pode ser às vezes um processo lento e doloroso; mas no momento em que escapamos, libertamos nossas almas e nos fartamos na alegria da liberdade emocional e espiritual. Para sair de nossas histórias, precisamos primeiro aprender a amá-las, honrá-las e acalentá-las por todas as contribuições que elas tenham nos dado. Precisamos tomar conhecimento das experiências que elas nos trouxeram e da sabedoria que nos transmitiram. Então, e só então, seremos capazes de fazer as pazes com as nossas histórias e seguir adiante para concretizar nossos desejos mais profundos.

Sinto-me sempre atônita com a capacidade que temos de guardar durante muito tempo ressentimentos contra nós mesmos. Por que nos culpamos continuamente por acontecimentos que ocorreram há vinte ou trinta anos? Por que nos sentimos tão pouco merecedores da salvação completa ou da absolvição pelos crimes do nosso passado? Passei anos refletindo sobre essa questão. Observei as pessoas continuamente sabotando a si mesmas, furtando-se de tudo o que é importante e privando-se daquilo que alimentaria suas almas. É possível que, de algum modo, estejamos continuamente tentando nos matar — ou, senão o todo, pelo menos uma parte sombria e terrível: as facetas ou acontecimentos de que temos mais vergonha? A destrutividade de se auto-acusar e de sentir aversão por si mesmo pode ser vista em toda a nossa sociedade. Vício, violência, maus-tratos e não-realização permeiam tudo na nossa vida.

PERDOE-SE

Passei anos engajada no movimento de auto-ajuda, primeiro trabalhando a mim mesma e depois como orientadora. Cheguei à conclusão de que o núcleo da cura é perdoar a si mesmo. Não há nada — repito, nada — mais essencial para o processo de cura. Até que façamos as pazes com nós mesmos, e nos perdoemos por todos os aspectos da nossa vida e de nossas histórias, continuaremos a usar o passado para nos golpear e sabotar nossos sonhos mais íntimos. Nós só perdoamos a nós mesmos quando nos soltamos dentro da vulnerabilidade da nossa humanidade e encontramos compaixão pelas nossas lutas internas. Quando somos capazes de perdoar a nós mesmos, conseguimos compreender por que somos do jeito que somos, por que acreditamos naquilo que cremos e por que sentimos da forma que sentimos. Meu amigo Sarano Kelly, autor de *The Game*, disse: "Quando você chega à compreensão, as coisas começam a mudar." Enquanto nos sentirmos mal em relação às nossas histórias, e até que tenhamos feito tudo ao nosso alcance para entender por que elas existem, estaremos sempre sendo puxados de volta para os confins de nossos dramas. Somente quando aceitarmos nossas histórias e nos perdoarmos completamente seremos capazes de extrair toda a sabedoria que elas carregam. Só então estaremos livres para viver fora dos limites estabelecidos pelas nossas convicções sombrias e pelas nossas histórias.

RESOLVA OS ASSUNTOS PENDENTES

Enquanto não tivermos atingido o ponto de nos perdoarmos, não seremos capazes de manifestar o nosso eu mais extraordinário e viver a vida que desejamos. Como podemos nos sentir merecedores de alcançar o amor, o sucesso, a prosperidade e a saúde perfeita quando nossas histórias nos lembram continuamente que somos imperfeitos, insignificantes e não temos nenhum valor? Como podemos despertar de manhã conclamando o melhor dos mundos se nos castigamos continuamente pelo nosso egoísmo e pelo mal-estar ligado ao nosso modo de vida e aos nossos relacionamentos? Como podemos receber abertamente a graça divina sabendo que no nosso passado esfaqueamos um irmão ou agredimos sexualmente uma irmã? Como seremos capazes de honrar a nós mesmos sabendo que estamos continuamente ignorando os chamados de nossa voz interior? Os assuntos não-resolvidos são a fonte da culpa. Layne e Paul Cutright, em seu livro *Straight from the Heart*, dizem: "Uma mente culpada espera pelo castigo. A culpa vai fazer você atrair pessoas e/ou situações para reafirmar seus problemas não-resolvidos ligados à culpabilidade." Nossa culpa começa quando não nos ouvimos, quando fazemos escolhas que vão contra as nossas crenças mais arraigadas, quando desapontamos aqueles que amamos e assumimos comportamentos que devemos sentir como egoístas. A culpa aparece quando julgamos ter feito uma coisa má ou errada. Temos medo e, ao mesmo tempo, esperamos atrair o castigo que sentimos merecer. Enquanto não limparmos nossas mentes das questões pendentes do passado, vamos nos castigar inconscientemente negando-nos o amor, o sucesso e a prosperidade que desejamos.

FAÇA AS PAZES COM O SEU
JULGAMENTO INTERIOR

Enquanto não fizermos as pazes com o nosso júri e julgamento não nos permitiremos sentir e receber o perdão Divino. Nosso julgamento interior sabe a diferença entre o certo e o errado. Imagine que, assentada sob a superfície de nossa consciência, está uma grande balança da justiça que conhece o nosso bem mais elevado. Eu gosto de pensar nesse conhecimento interior como os pratos de uma balança cármica. Nossa balança cármica interna sabe quando agimos contra nós mesmos e quando agimos contra os outros. Ela sabe quando saímos do equilíbrio. A balança cármica representa o nosso conhecimento interior, o nosso senso de integridade — a parte de nós que sabe o que está certo e o que está errado. Esse juiz interior segura os pratos da balança da nossa justiça, apoiando-nos ao honrar a integridade do espírito humano. Todos têm vivido a experiência de ultrapassar as linhas de seu próprio conhecimento interior. Todos já ouviram uma vez ou outra a voz da intuição e decidiram calá-la ou bloqueá-la para poder permanecer na própria história e seguir sua própria programação. Mas, cada vez que ignoramos a nossa intuição, cada vez que deixamos de ouvir a nossa voz interior, toda vez que seguimos a razão e não o coração, estamos na verdade agredindo a parte mais íntima do nosso ser. Essas agressões é que mantêm os pratos da nossa balança cármica em desequilíbrio e nos mantêm trancados em nossos dramas. Enquanto não aprendermos a honrar a santidade do nosso conhecimento interior e da nossa intuição, criaremos drama e sofrimento para nos fazer voltar atrás no nosso caminho para o eu superior. Imagine que dentro do pacote chamado "Você" veio um sistema operacional para levá-lo à mais alta expressão do seu ser. Esse sistema operacional é o seu guia, informando-o sobre quando você está no rumo certo e quando não está. Sua única função é dar-lhe sustentação para que você manifeste a parte mais extraordinária do seu ser. É o seu próprio guia pessoal; ele não tem outra programação além de cumprir a sua missão pessoal e apoiá-lo na revelação de suas dádivas para o mundo.

Como fomos nos desconectar desse sistema de orientação? Como nos separamos da corrente universal de inteligência que corre tão naturalmente através de nós? Em algum ponto da nossa vida, nos disseram que nossos sentimentos não eram importantes. Pode ser até que nos tenham avisado de que, se continuássemos a ouvir nossos chamados e demandas interiores, seríamos expulsos de nossas famílias, punidos ou separados daqueles a quem amamos. Essas mensagens nos confundiram e, gradualmente, começamos a duvidar de nós mesmos e do nosso conhecimento interior. Em vez de confiar em nossa própria verdade, inconscientemente nós nos desligamos do nosso sistema interno de funcionamento. Aos poucos, perdemos contato com o senso do que é certo e do que é errado. Desligados da luz interior que nos guia, decidimos seguir nossos pais ou outras pessoas que parecem estar se dando bem na vida. Até que abandonamos de vez a nossa voz interior para poder sentir que nos adaptamos e fazemos parte do nosso meio.

AGRESSÕES AO EU

Muitos se sentem assustados e, ao mesmo tempo, motivados a agir quando testemunham agressões no mundo exterior. Quando alguém é assaltado, violentado ou agredido, sentimos um imediato anseio por justiça. É mais difícil ter essa visão das agressões que cometemos contra nós mesmos, porque muitas vezes nos agredimos de maneira despercebida e aparentemente sutil. Nós nos agredimos quando não prestamos atenção em nós mesmos, ou não confiamos nos nossos instintos, ou não reivindicamos o que queremos. Estamos nos agredindo quando calamos nossos sonhos, quando não temos tempo para cuidar de nós mesmos, ou quando não fazemos da nossa vida interior uma prioridade. Nós nos agredimos todas as vezes que nos privamos de apreciar e reconhecer o que conseguimos a tão duras penas e quando negamos os nossos talentos. É uma agressão contra nós mesmos quando preferimos nos concentrar mais nos nossos defeitos do que nas nossas qualidades. Nós nos agredimos quando não damos a nós mesmos o alimento pelo qual estamos famintos, quando fazemos más escolhas e quando nos recusamos a nos perdoar por estarmos vivendo em determinadas circunstâncias. É uma forma de agressão quando negamos a nos compadecer de nós mesmos por erros que cometemos, quando passamos mais tempo ouvindo a mensagem negativa irradiada pela nossa Caixa de Sombras do que o amor que vem do nosso coração. Nós nos agredimos quando procuramos pelo que está errado e não pelo que está certo. Nós nos agredimos quando deixamos de fazer o que nos traz alegria. Nós nos agredimos quando nos mantemos na nossa pequenez.

A maioria das agressões que cometemos contra nós mesmos passa totalmente despercebida pelo nosso consciente, mas a nossa psique está agudamente alerta no momento em que nos desgarramos de nossos sistemas internos de orientação. Conduzi um seminário em que pedi às pessoas para que fizessem uma lista de todas as formas de traição que usaram contra elas mesmas em cada área de suas vidas. Eis algumas das coisas que foram relacionadas:

Agredimos nosso corpo

❖ comendo exageradamente

❖ ingerindo alimentos que sabemos que não nos fazem bem

❖ trapaceando com nossas dietas

❖ dizendo a nós mesmos que vamos praticar exercícios e não cumprindo o que foi dito

❖ não reservando tempo suficiente para descanso e lazer

❖ quando nos tornamos viciados em fumar, beber ou consumir drogas

❖ ao criticar nosso corpo quando estamos diante de um espelho

❖ prestando mais atenção aos nossos defeitos que à nossa beleza

❖ quando nos mantemos tão ocupados que ficamos incapazes de perceber os sinais que o nosso corpo nos envia

❖ quando ficamos ouvindo os nossos diálogos interiores de auto-abominação

Nós nos agredimos nos relacionamentos

❖ quando permanecemos numa relação em que a outra pessoa envolvida é física ou emocionalmente agressiva

❖ fazendo coisas que não queremos por amigos ou com eles

❖ fazendo sexo quando não estamos com vontade

❖ quando nos privamos de intimidade quando a estamos desejando

❖ deixando de cumprir tratos e compromissos assumidos com outras pessoas

❖ fazendo fofocas

❖ quando fingimos gostar de pessoas das quais não gostamos

❖ quando quase não ficamos com as pessoas que amamos

❖ quando escondemos dos outros os nossos sentimentos

❖ quando ultrapassamos os nossos limites pessoais ou comprometemos a nossa integridade

❖ tornando as necessidades dos outros mais importantes do que as nossas

Agredimos nossa segurança financeira

❖ gastando mais do que ganhamos

❖ quando ultrapassamos o limite do cartão de crédito

- ❖ chegando ao limite do cheque especial
- ❖ mentindo sobre a nossa renda
- ❖ quando não economizamos
- ❖ agindo inconseqüentemente na hora de gastar
- ❖ roubando
- ❖ ignorando nossas dívidas
- ❖ quando pagamos nossas contas com atraso

A maioria das pessoas tenta alcançar a transformação mesmo quando continua a cometer agressões contra si mesmas. Costumamos achar que, se freqüentarmos apenas mais um seminário, se lermos um livro a mais ou apenas pensarmos em coisas alegres, não seremos obrigados a apagar todas as formas que usamos para nos agredir. Podemos ler milhares de livros de auto-ajuda, meditar todos os dias e nos sentarmos aos pés de um guru, mas, se usarmos toda a sabedoria que adquirirmos somente para nos rebaixar e diminuir o nosso valor, estaremos nos agredindo. Todas as vezes que olharmos no espelho e enxergarmos apenas parte do que somos — sempre que passarmos mais tempo ouvindo a nossa Caixa de Sombras, os nossos diálogos interiores inconscientes do que reconhecendo a nossa grandeza — estaremos cometendo uma agressão contra nós mesmos. Quando vamos parar? Quando conseguiremos perceber que nos tornamos os perpetradores da violência interna, e que somos os únicos que podem detê-la?

AGRESSÕES SUTIS

Como faz na maioria das manhãs, Wendy acordou com a firme resolução de comer saudavelmente. Mais especificamente, ela se comprometeu a ficar longe de pães e doces — dois alimentos que sabia que não lhe faziam bem. Ela manteve essa resolução durante toda a manhã e até mesmo na hora do almoço. Mas à tarde, quando seus companheiros de trabalho trouxeram minibolinhos da padaria para comemorar o aniversário de alguém, Wendy, com a desculpa de que seria falta de educação recusar, comeu pelo menos um. Imediatamente ela sentiu aquelas pontadas fundas e dolorosas no intestino, tão difíceis de agüentar. Cheia de resignação, ela descartou o compromisso que assumira pela manhã e fingiu que o que havia feito não tinha importância. Foi para casa naquele dia sentindo-se pesada, sem vigor e desligada. Naquela noite, enquanto meditava, Wendy percebeu que trapacear a sua dieta era uma forma consistente de se agredir.

Emily, uma dona-de-casa, mãe de dois filhos, acomodou as crianças na cama depois de um dia longo e cansativo. "Amanhã vamos nos divertir muito, prometo", ela sussurrou aos lhes dar boa-noite. Enquanto saía do quarto, ia pensando de que modo poderia tornar o dia seguinte especial para eles. Emily prometeu a si mesma que não iria assistir à novela, a menos que seus filhos decidissem tirar uma soneca, comprometendo-se a dar a eles toda a sua atenção. Mas, no dia seguinte, lá pelas duas horas da tarde, como Zachary e Alice ainda não tinham demonstrado nenhum sinal de sono, Emily percebeu que estava ficando impaciente e com raiva. Seu compromisso de aproveitar um dia tranqüilo com os filhos logo foi esquecido e, enquanto as crianças choravam a seus pés, Emily se viu assistindo à novela em seu quarto. Desse momento em diante, as expectativas que Emily criara para aquele dia foram por água abaixo, e todos os três ficaram mal-humorados.

Nessa tarde, incomodada com o desenrolar daquele dia, Emily voltou-se para si mesma e perguntou: "Como vou fazer para que amanhã seja um dia melhor para mim e para as crianças?" Nesse momento, ela entrou em contato com o ressentimento que vinha crescendo dentro dela havia semanas. Emily precisava de mais tempo para si mesma. A criança que vive no íntimo de Emily estava berrando por "um tempo da mamãezinha". Ela percebeu que tomar conta de duas crianças durante o dia todo, sem ter um tempo disponível para suas necessidades, era de fato uma auto-agressão e que, quando não agia bem consigo mesma, tendia a desforrar suas frustrações nas crianças. Emily viu que, para restabelecer o seu equilíbrio e o de sua família, ela precisaria arrumar algum tempo para si mesma. Afinal, ela teve a idéia de tomar conta das crianças revezando com uma vizinha que também passava o dia inteiro cuidando da casa. Assim que conseguiu um tempo livre para atender às próprias necessidades, Emily tornou-se capaz de estar realmente presente quando ficava com os filhos e de cumprir as promessas que fazia a eles. Ao respeitar a própria integridade e respeitar sua verdade mais íntima, Emily conseguiu fazer uma nova escolha, que acabou por levá-la além dos limites de sua história.

Nossas auto-agressões muitas vezes se disfarçam de modo sutil. Mesmo agora, você pode estar tentando imaginar meios para abreviar esta conversa. Estou certa ou errada? Você está negando esta verdade? Está arrumando desculpas ou afirmando que isso não tem nada a ver com você? Observe. Preste muita atenção durante os próximos dias e localize em que pontos você está cometendo agressões contra si mesmo. Você quer verificar a profundidade da agressão que você cria diariamente? Você agride a si mesmo continuamente em nome da sua história? É a sua vida; só você pode mudá-la, e essa é a sua chance de cavar fundo. Você pode olhar para trás e ver que permaneceu no casulo de sua história, escorregando na superfície da sua dor, ou pode olhar para trás e ver que desafiou a si mesmo, falou a verdade, assumiu responsabilidades e agiu com a coerência própria da pessoa que deseja ser.

O EQUILÍBRIO DA BALANÇA CÁRMICA

Reparar nossas auto-agressões é a mais elevada honra que podemos conceder a nós e aos outros. Essas correções restauram a nossa integridade e são um passo vital para fazer as pazes com as nossas histórias. É importante fazer o caminho inverso, percorrendo a nossa vida com a intenção de transformar nossos erros em acertos — equilibrando nossa balança cármica. Isso significa dar satisfação a todos aqueles a quem, de alguma forma, ferimos, mentimos, enganamos ou traímos.

Eu sabia que, para me curar e fazer as pazes com a minha vida, eu precisaria limpar todo o caos que criei em mim mesma, nos meus relacionamentos e no mundo. Eu queria tão desesperadamente poder ficar diante do espelho e de outras pessoas e me sentir bem, não só em relação ao meu presente mas ao meu passado também. Ao longo dos anos, eu deixei muita gente com raiva, decepcionada e ferida. Cometi também a minha parcela de crimes contra a natureza, as instituições e outras pessoas. Minha primeira tentativa de limpar o meu passado foi num programa de doze passos, em que aprendi que eu devia satisfações àqueles a quem eu havia ferido. À primeira vista, isso parecia uma tarefa esmagadora. Como eu poderia fazer isso? A simples idéia de ir até uma pessoa e dizer-lhe que eu havia mentido para ela, ou que a tinha roubado, me fazia estremecer de vergonha. Era estranho: eu sempre imaginara que não ligava para o que os outros pensassem de mim porque raramente eu sentia algum remorso; mas, ao me ver diante do projeto de limpeza do meu passado, sentia-me mal e envergonhada. Minha lista de vítimas parecia muito longa para ser encarada; mas, sabendo que eu jamais seria capaz de me sentir bem comigo mesma até que corrigisse os meus erros, reuni a coragem necessária para contar a verdade para as pessoas a quem feri e ficar quite com os crimes do meu passado. Descobri que era mais difícil me ver diante de meus antigos patrões e dos amigos da minha família, mas, um a um, fui capaz de dizer-lhes que sentia muito, devolvendo o dinheiro que devia e assumindo a responsabilidade dos meus atos no passado. Pouco a pouco, minha auto-estima foi se reerguendo e eu comecei um processo milagroso de me sentir bem intimamente. Esse processo tornou-me capaz de fazer as pazes com a minha história. Cada reparação que eu fazia, afrouxava um pouco mais as cadeias que me prendiam ao drama do meu passado.

Se não vivemos uma vida alicerçada na integridade, tentaremos construir a nossa transformação no topo de uma mentira. Para viver a vida com que sonhamos, precisamos contar com alicerces fortes sobre os quais possamos construir quem somos e o que defendemos. Em qualquer momento que vivermos fora da integridade pessoal, um muro se levantará entre o eu e os outros, entre nós e a vida com que sonhamos. Em qualquer área que deixarmos de agir com integridade ou que violarmos nossas regras internas, estaremos nos alijando da totalidade do nosso poder e da nossa capacidade de criar aquilo que queremos. Cheryl Richardson, autor de *Life Makeovers*, diz: "Todos nós temos diferentes conjuntos de regras internas que constituem a nossa integridade pessoal. A maioria das pessoas não sabe quanta energia é consumida para viver fora de suas regras internas. Quando restauramos a nossa integridade, liberamos uma quantidade enorme de energia que pode nos servir na nossa vida atual."

Nossos problemas de integridade não-resolvidos são as raízes da nossa auto-agressão. Enquanto nos sentirmos desequilibrados no nosso mundo interior, nós nos privaremos de realizar nossos desejos no mundo exterior. Nossa auto-aversão atrairá para nós as pessoas e os acontecimentos que refletem os nossos mais profundos sentimentos com relação a nós mesmos. Lembre-se: *nosso mundo exterior é um reflexo do nosso mundo interior*. E o reverso também é verdadeiro: quando estamos alinhados com o nosso eu, nos sentimos merecedores de receber tudo o que desejamos; atraímos pessoas e acontecimentos que estão de acordo com a realização dos nossos desejos mais profundos, porque, mais uma vez, quando estamos em equilíbrio e nos sentindo bem interiormente, o mundo inteiro reflete os nossos bons sentimentos de volta para nós. Enquanto não resolvermos os problemas de integridade nas nossas histórias, continuaremos a alimentar o barulhento diálogo interior de nossas Caixas de Sombras. Enquanto não restaurarmos a nossa integridade, não nos sentiremos merecedores de viver a nossa vida mais elevada.

RESOLUÇÃO CÁRMICA

A resolução cármica é o processo de restauração da nossa integridade. Nós a atingimos quando corrigimos nossos erros. A resolução cármica abre o caminho para transcender nossas histórias, permitindo que amemos a nós mesmos como merecemos.

A resolução cármica é o processo de cura dos nossos relacionamentos com nós mesmos, com outras pessoas e com o mundo. Queremos ser cuidadosos a fim de não abordar essa tarefa com a pergunta: "Qual é o mínimo que posso fazer para sair desta confusão?" ou "O que vai restaurar a minha reputação aos olhos daqueles que estão envolvidos?" Em vez disso, queremos procurar a ação que restaura a nossa própria integridade dentro de nós mesmos. Precisamos perguntar: "O que posso fazer para equilibrar a minha balança cármica?" E precisamos querer ouvir a resposta que vem do nosso íntimo. Eu lhe asseguro que, se você levar adiante o projeto de restaurar a sua integridade, terá mais amor, paz e liberdade interior do que jamais poderia imaginar. Quando os pratos de nossa balança cármica estiverem em equilíbrio, naturalmente abriremos para nós níveis de auto-estima e valorização totalmente novos. Só então sentiremos que somos merecedores de manifestar nossos desejos mais profundos e de nos fartar na abundância do Universo.

Enquanto estivermos atormentados com sentimentos de culpa e remorso, estaremos cegos para a nossa grandeza. Jordan, um corretor imobiliário de trinta e cinco anos, cresceu nas ruas e aprendeu cedo a sobreviver utilizando-se de expedientes. Embora ele tenha se tornado mais rico do que jamais imaginara ser possível, Jordan ainda era perseguido pelas transgressões que cometera na juventude e vinha tentando, inutilmente, durante quinze anos, fazer as pazes com o seu passado. Ele freqüentou seminários e grupos masculinos, tentou alcançar o perdão sendo extremamente generoso com os amigos e com a família. Jordan sabia todas as coisas certas a serem ditas e os mantras apropriados para entoar para se absolver temporariamente da culpa; mas ainda assim, na quietude da noite, sentia-se mal consigo mesmo. Jordan era um homem esperto, educado e bem preparado, e o que o deixava profundamente frustrado era não conseguir refazer-se do seu passado. A mensagem que lançava uma sombra sobre todas as suas conquistas era: "Eu não mereço, de maneira nenhuma, ter tudo isso." Mesmo estando profundamente consciente do tema de sua história e das limitações impostas por ele, Jordan lutava para viver além das fronteiras do seu drama pessoal. Sugeri a ele que procurássemos juntos a fim de descobrir o que ele havia feito no passado que ainda o fazia sentir-se mal. Expliquei-lhe que, embora nossa mente possa esquecer o mal que praticamos, ele vai ser sempre lembrado pelo nosso coração.

Embora quisesse ficar livre da culpa, Jordan ainda resistia à idéia de que seu passado de transgressões ainda estaria de alguma forma afetando o seu momento presente. Ele sentia que, naquele momento, era uma boa pessoa; mas mesmo assim ele admitia ter sido arrogante e negligente no passado. Expliquei-lhe que, até que corrigíssemos nossos erros, continuaríamos a nos punir e a suscitar experiências que espelhassem os maus sentimentos que abrigávamos intimamente. Nosso conhecimento interior exige que seja devolvido o equilíbrio àquilo que violamos. Eu disse a Jordan que, a menos que ele conseguisse encarar, olho no olho, cada pessoa a quem prejudicara, em algum lugar dentro de si mesmo ele continuaria a sentir que não era uma boa pessoa, e nunca se sentiria realmente merecedor de todo o amor e perdão e nunca estaria livre para sair do seu drama pessoal.

Jordan concordou corajosamente em explorar o seu passado com a intenção de fazer uma limpeza em tudo o que ficara inacabado. Pedi-lhe que fechasse os olhos e que procurasse dentro de si mesmo algum incidente que ainda não estivesse resolvido. Ele se lembrou de quando tinha dezoito anos e trabalhava como garçom num restaurante da moda em São Francisco. Ele trabalhou intermitentemente nesse restaurante durante cinco ou seis anos — saindo quando precisava concentrar mais a sua atenção na própria educação e voltando quando precisava de dinheiro. O dono do restaurante, um senhor chamado Ted, sempre foi muito gentil com Jordan, deixando que ele saísse e voltasse conforme sua conveniência. Jordan confessou que ele e outros rapazes que trabalhavam ali perceberam um jeito de desviar dinheiro não dando entrada de alguns cheques de clientes na caixa registradora. Às vezes, Jordan e seus companheiros de trabalho também se serviam de bebidas e comidas que pertenciam ao restaurante. Jordan, que vivia precariamente nessa ocasião, racionalizava suas ações, dizendo para si mesmo que, como Ted era um dentista bem-sucedido, que fazia parte da alta sociedade e tinha outros dois restaurantes, aquele dinheiro jamais lhe faria falta. Também usava a desculpa de que todos os outros que trabalhavam lá estavam fazendo a mesma coisa. Mas agora, observando esse incidente, Jordan pôde perceber que ele realmente se sentia péssimo por ter tratado tão mal uma pessoa que tinha sido tão boa para ele.

Quando perguntei a Jordan o que ele precisava oferecer como reparação, dentro dele mesmo, pelo que havia feito, ele respondeu que o dono do restaurante provavelmente já havia morrido e ele não sabia como corrigir o seu erro. Mas, quando Jordan telefonou para um ex-gerente do restaurante, descobriu que Ted ainda estava vivo e morando na mesma cidade. Jordan reuniu toda a sua coragem, pegou o telefone e ligou para Ted. Já com oitenta e poucos anos, Ted ficou emocionado ao ouvir a voz de Jordan. Ele sempre tivera uma predileção por Jordan, que ocupava um lugar especial no seu coração. Depois de alguns minutos de conversa amena, Jordan contou a Ted que, durante os anos em que trabalhara no restaurante, havia roubado aproximadamente três mil dólares dele e, por causa disso, estava telefonando para reparar o que tinha feito. Nesse que foi um dos momentos mais emocionantes da sua vida, Jordan, com lágrimas nos olhos e de coração aberto, disse a Ted que queria enviar-lhe um cheque para compensá-lo pelo dinheiro subtraído.

Ted desfez-se em lágrimas depois de ouvir a confissão de Jordan, que por sua vez ficou surpreso ao descobrir que os restaurantes de Ted tinham ido à falência e que ele havia perdido todo o seu dinheiro e a sua belíssima casa. Ted prosseguiu, contando a Jordan como a luta pela sobrevivência estava sendo dura e como ele acabara de tentar conseguir um empréstimo para pagar suas contas, não o conseguindo por causa da falência dos restaurantes. Ted disse a Jordan que, embora três mil dólares não significassem muito para ele quinze anos atrás, essa era exatamente a soma de que precisava para evitar a perda do seu apartamento. Enquanto Jordan preenchia o cheque, sentia que esse era o dinheiro mais bem gasto de sua vida. Sentia-se limpo por dentro e muitíssimo grato por ter tido a oportunidade de devolver a alguém algo que havia subtraído. Ele não tinha mais de encobrir os crimes do passado. Pela primeira vez ele achou que poderia olhar no espelho e sentir-se bem com o que via. Sabia que os pratos de sua balança estavam em equilíbrio e que tinha um sentimento novo de valorização e respeito em relação a si mesmo.

Cori, uma participante de um dos meus cursos de treinamento terapêutico, vinha batalhando financeiramente, até onde se lembrava, durante toda a sua vida, e disse ao grupo que não tinha a menor idéia do porquê da sua incapacidade para ganhar ou guardar dinheiro. O tema central da história de Cori era que ela precisava ser cuidadosa, senão as pessoas se aproveitariam dela. Sabendo que deveria haver algum desequilíbrio cármico que a impedia de atingir suas metas, pedi-lhe para fazer uma lista de todos os lugares em que ela agira financeiramente com desonestidade, e para procurar na memória por incidentes do passado que poderiam estar impedindo que ela pudesse ter a abundância que desejava.

A primeira coisa da sua lista de ações desonestas foi um incidente que ocorreu quando ela tinha doze anos. Cori e uma amiga tinham ido a uma loja de departamentos e roubado diversas mercadorias que são um atrativo para mocinhas — biquínis, bolsas, maquiagem e bijuterias. Então elas voltaram para a casa da amiga, puseram todas as peças em cima da cama e começaram a avaliar o produto do roubo. Embora no momento ela estivesse excitada por ter conseguido carregar tudo aquilo, uns catorze anos depois esse incidente ressurgia como uma enorme fonte de vergonha.

Comprometida com a recuperação da própria integridade e o aprendizado de amar-se o mais profundamente possível, Cori sabia que precisava fazer algumas compensações pelos erros do passado. A primeira coisa de sua lista era telefonar para a loja de departamentos Macy's, de onde furtara aquelas peças, e confessar o que tinha feito. Depois de falar com diversas pessoas, finalmente ela foi encaminhada para o gerente-geral. Quando ele atendeu o telefone, a primeira coisa que disse a Cori foi: "Você está em algum programa de doze passos?" Cori respondeu: "Não, na verdade estou num programa de treinamento e minha atribuição dessa semana é fazer uma limpeza no meu passado e sanar qualquer problema de desonestidade que tenha restado em mim." Cori prosseguiu contando sua história ao gerente e, ao final, ela lhe perguntou: "O que eu posso fazer para reparar o que fiz?" Ele ficou alguns segundos em silêncio, e depois disse: "Senhorita, estou muito impressionado. Em vinte e quatro anos nesta profissão, ninguém jamais se apresentou a mim com uma confissão dessas. Penso que o melhor é você fazer uma doação para uma instituição de caridade que conheça. Muito obrigado por ter telefonado." E então acrescentou: "A propósito, você me fez ganhar o dia." Cori desligou o telefone sentindo-se leve, cheia de ânimo e de energia. Sentia-se livre das cadeias do passado, como se um peso tivesse sido removido de dentro dela. Ela não precisava mais abafar aquele incidente. Sua balança interior estava entrando em equilíbrio e ela havia transformado essa nesga de escuridão numa luz brilhante.

Sentindo-se fortalecida e estimulada com a liberdade recém-descoberta, Cori rapidamente pegou o telefone para atacar o segundo item da lista. Quando estava com dezoito anos, com a incumbência de levantar dinheiro para uma viagem à Europa, ela fez uma denúncia fraudulenta contra uma companhia aérea, dizendo que suas malas tinham sido roubadas, quando de fato isso não tinha acontecido. Cori preenchera os formulários e, semanas depois, recebeu um cheque no valor de dois mil e quinhentos dólares pelo correio. A preocupação de Cori no momento era descobrir como reparar esse deslize, já que não tinha o dinheiro para cobrir o débito, mas ela, corajosamente, ligou para a companhia de aviação. Depois de inúmeros telefonemas, ela conseguiu falar com uma alta executiva, que a cumprimentou calorosamente. Cori lhe contou o que havia feito e perguntou à mulher o que poderia fazer para compensar esse erro. Em seu sotaque suave e agradável do sul dos EUA, a agente respondeu: "Bem, você certamente poderia escrever uma carta para Recursos Humanos relatando o que fez." E então acrescentou: "Querida, aos olhos de Deus, você já está perdoada."

Cori escreveu a carta, mas depois sentiu que ainda precisava trabalhar mais para equilibrar sua balança interior. Cori decidiu então pedir aos amigos roupas e malas usadas, que doou a um abrigo para mulheres. Ao me contar essa história, Cori percebeu que não tinha sido suficiente dizer que sentia muito; ela precisava devolver mais do que havia tirado. Percebeu ainda que esconder suas faltas só fazia com que ela se sentisse mal com relação a si mesma, e que castigava a si mesma por meio de um sentimento de auto-aversão e um diálogo interior extremamente crítico. Cori compreendeu também a relação entre seus problemas de integridade não-resolvidos e o fato de ter dificuldade para ganhar e guardar dinheiro. Para coroar, Cori tinha agora um novo discernimento dos motivos que fizeram de sua única viagem à Europa um completo desastre. Limpar esses incidentes do passado permitiu que Cori enxergasse que não tinha de se precaver contra as outras pessoas; era com ela mesma que ela precisava tomar cuidado. Cori percebeu que, se vivesse uma vida de fidelidade a si mesma e respeitasse seu mais alto grau de integridade, ela se sentiria merecedora de ganhar e conservar o dinheiro que recebia.

Assim que equilibrarmos a nossa balança interior e restaurarmos a nossa integridade, não seremos mais empurrados de volta aos nossos velhos sentimentos e pensamentos ligados a esses incidentes. Uma luz interior se acende. O equilíbrio da nossa balança cármica nos devolve o alinhamento com o nosso Eu superior. Reparar o mal feito é um presente que damos a nós mesmos. Quando tivermos limpado o nosso passado e estivermos nos sentindo bem em relação ao nosso equilíbrio interior, então poderemos começar o surpreendente processo de nos perdoar.

REPARAÇÕES AO MAL QUE VOCÊ INFLIGIU A SI MESMO

O processo de perdoar exige que cada um crie novos comportamentos para curar o relacionamento com o próprio eu. É preciso olhar para dentro, porque para cada um de nós os comportamentos serão diferentes. Este é o momento de assumir o compromisso de honrar a si mesmo naquele ponto em que um dia você se violentou. Estas são algumas sugestões para transformar o seu relacionamento com o seu próprio eu.

Falar a verdade para si e para os outros.

Ter tempo para as pessoas que ama. Arrumar um horário, diariamente, para dar um passeio, entrar em contato e compartilhar aquilo que é realmente importante para você.

Meditar diariamente.

Oferecer-se como voluntário de causas e organizações que o animem a querer ajudar: crianças com dificuldades de aprendizado, programas de leituras nas escolas.

Parar de fazer fofocas.

Cuidar de sua parte física com alimentação adequada, o necessário descanso, exercícios, ar livre e diversão.

Cuidar de sua mente e de seu lado emocional passando um tempo sozinho — escrevendo um diário, lendo, rezando.

Respeitar seus limites e ouvir sua percepção íntima do que é bom e do que não é.

Ligar-se diariamente ao Divino.

Trabalhar suas emoções dolorosas quando elas aparecem; só assim elas podem ser curadas.

Manter seu saldo bancário equilibrado e liquidar as dívidas passadas.

Levar o tempo que for preciso para tomar conhecimento de tudo o que você é, da alegria que leva aos outros e das contribuições que tem dado ao mundo.

Comer alimentos que nutram o seu corpo e parar de comer quando seu estômago estiver cheio.

Sentir-se grato todos os dias pelo que você tem.

Reparar nossos erros nos liberta do passado e de nossas histórias, garantindo-nos uma vida além das limitações que elas nos impuseram e abençoa-nos com os maiores de todos os dons: amor e respeito por nós mesmos. Quando atravessamos a porta do perdão e começamos a nos tratar e aos outros com amor e compaixão, surge uma nova realidade. Escolher o perdão significa prometer a nós mesmos que não vamos usar nosso passado para nos punir e que cuidaremos muito bem de nós. Quando formos capazes de nos amar, mesmo nos sentindo instáveis, enfurecidos, ciumentos ou tristes, seremos realmente livres. Tudo o que precisamos para começar é o desejo de nos perdoar completamente. Ninguém pode nos obrigar a perdoar. Só nós podemos fazê-lo, e o momento é agora.

PASSOS PARA A CURA

1. Faça uma retrospectiva de sua vida e redija uma lista de pessoas que você, de alguma forma, magoou, ofendeu, traiu ou maltratou. Visualize o rosto das pessoas de seu passado — antigos patrões, ex-amantes, pessoas que estudaram com você — e preste atenção nos sentimentos que afloram quando você pensa em cada uma delas. Numa folha de papel, escreva o nome da pessoa e uma breve descrição do que você fez ou deixou de fazer, em relação a ela, que o deixou mal consigo mesmo. Em seguida, respire algumas vezes, vagarosa e profundamente, feche os olhos e pergunte a si mesmo: "O que eu poderia fazer para equilibrar completamente os pratos da balança com essa pessoa e restaurar meu próprio senso de integridade?"

2. Descreva, por escrito, todos os meios com os quais você violenta a si mesmo, diariamente. Inclua na lista tanto as violações óbvias quanto as não tão evidentes. Você quebra compromissos feitos consigo mesmo? Você se envolve em relacionamentos ou comportamentos que sabe que não são do seu maior interesse? Você se priva de falar abertamente quando sente impulso para isso? Pode ser bom para você pensar em cada área-chave da sua vida — corpo, relacionamentos, finanças, casa, ambiente — e se perguntar: "De que forma eu me violentei nessa área?"

3. Faça um plano de ação para reparar as violações que cometeu contra si mesmo e contra os outros. O que você precisa fazer no mundo exterior para equilibrar a sua balança cármica? O que você precisa fazer para perdoar a si mesmo e voltar a se amar? Certifique-se de que o seu plano de ação é específico, mensurável e objetivo. O que exatamente você vai fazer? e quando? Para contar com alguma ajuda, peça a um amigo — alguém em quem você confie — para verificar se você está pondo em ação seu plano e também para dividir com você o desenrolar do processo, dando-lhe apoio.

Reflexão

"*Um passe de mágica*
acontece quando eu restauro
a minha integridade pessoal."

Capítulo 8

DESCUBRA A SUA
ESPECIALIDADE EXCLUSIVA

Escondida em nossas histórias existe uma especialidade única que não se parece com a de ninguém mais. Essa é a recompensa inestimável por tudo o que vivemos: a volta à nossa inteireza. Nossa especialidade é a nossa receita exclusiva, o resultado das experiências da nossa vida. Cada um de nossos traumas, cada uma de nossas feridas, tanto quanto nossas alegrias e talentos, tudo isso serve para nos ensinar e guiar à mais alta expressão do nosso eu. Tão logo sejamos capazes de reconhecer a utilidade de nossas histórias e de extrair nossa especialidade dos dramas que já vivemos, teremos consciência do Universo e de sua Divina Orquestração. Veremos, talvez pela primeira vez, como todas as peças da nossa vida trabalharam juntas para nos dar uma contribuição que é inequivocamente nossa. Conseguiremos então dar sentido ao absurdo. Seremos capazes de extrair sabedoria do nosso drama e da nossa dor. Compreenderemos por que somos abençoados com dons muito particulares que só nós temos. Com uma clareza recém-descoberta, seremos capazes de ver como cada acontecimento da nossa vida estava perfeitamente orquestrado para revelar nossas possibilidades mais elevadas. Veremos as histórias da nossa vida sob uma nova luz. De repente, nossos pais, os problemas com o nosso corpo, nossos medos, nossas lutas, vitórias e perdas, nossos talentos e triunfos farão sentido. Estaremos diante da certeza de que, se não tivéssemos vivido tudo o que vivemos, jamais seríamos capazes de descobrir a sabedoria do nosso dom Divino.

BUSQUE O SEU DOM

Descobrimos a nossa especialidade quando conseguimos olhar nossa vida — nossas sombras, nossa luz, nossas conclusões negativas e todas as nossas experiências — e nos perguntar: "Por que precisei ter tido essa crença ou ter passado por essa experiência? Como esse acontecimento me levou a descobrir essa contribuição única que tenho a oferecer ao mundo? Com o que eu posso contribuir agora, tendo passado pelo que passei? Qual é o conhecimento e a visão de mundo que agora tenho que jamais teria desenvolvido se não tivesse passado por essa experiência?" Saberemos que já integramos verdadeiramente nossas histórias quando conseguirmos perceber e usar os dons que elas nos trouxeram. Quando tivermos extraído a nossa receita do drama de nossas histórias, estaremos diante da nossa contribuição única. Estaremos em posição de partilhar nossa sabedoria com o mundo, e seremos guiados para o melhor veículo a fim de expressá-la. Quando conseguimos chegar à nossa especialidade, deixamos que o mundo se beneficie com o livro da nossa vida. Isso exige que olhemos para elas através de lentes especiais e nos perguntemos: "Se a minha vida até agora tem me treinado para ser alguém ou fazer algo muito particular no mundo, quem ou o que seria isso?"

A maioria de nós é incapaz de perceber a especialidade que a nossa história nos forneceu. Enquanto não fizermos as pazes com o nosso passado e deixarmos de culpar os outros pelas condições em que vivemos, continuaremos cegos para os nossos dons exclusivos. Mas, ao aceitar nossas duas partes, a luminosa e a sombria, e ao assumir a responsabilidade por tudo o que somos, imediatamente estaremos abertos para as dádivas que são nossas e precisam ser partilhadas. Sempre pergunto àqueles que continuam presos às suas histórias: "Se você fosse escrever um livro, que título lhe daria?" Em seguida, reproduzo a relação de alguns dos títulos mais votados que as nossas histórias nos qualificaram para escrever.

Como usar a sua vida para sofrer

Como atormentar-se em 28 dias

Como viver ao máximo o seu diálogo interior negativo

Como manifestar a sua mediocridade em todas as áreas

Como provar a si mesmo, e aos outros, que você não é capaz de despertar amor

Como afastar as pessoas, e assim, convencer-se de que é um rejeitado

Apesar de que qualquer um desses livros possa ser qualificado de boa leitura, penso que a maioria preferiria um título que expressasse o seu Eu superior. Todas as nossas experiências nos forneceram conhecimento e sabedoria específicos. Tudo o que aconteceu conosco foi programado Divinamente para nos apoiar, a fim de que déssemos nossa contribuição única para o mundo.

QUAL É A CONTRIBUIÇÃO DA SUA HISTÓRIA?

Agora é o momento de olhar para a sua história de um modo novo e descobrir a contribuição que ela guarda. Eis alguns exemplos: se a sua mãe o deixou quando você ainda era muito novo e se as suas duas ex-mulheres o abandonaram, sua especialidade poderia ser: "Quando as mulheres vão embora: Como conservar sozinho a sua força interior." Se o seu drama é preenchido pela necessidade de que homens tomem conta de você, porque tem a convicção sombria de que não consegue cuidar de si mesma, sua especialidade pode ser: "Curso dirigido às mulheres para que se desenvolvam contando apenas consigo mesmas." Se você foi violentada pelo seu tio ou estuprada na faculdade, sua especialidade seria: "O ensino da autoproteção e de como estabelecer limites saudáveis para os adolescentes." Se você lutou contra o vício durante toda a sua vida e fracassou, você pode ser capaz de compartilhar essa especialidade: "Uma visão do abismo e dos traumas desencadeados pelo vício para crianças."

Para descobrir a sua especialidade, você precisa se comprometer a usar tudo aquilo por que passou para contribuir para a vida de outra pessoa. Você não precisa ser professor universitário ou escritor para contribuir com a sua especialidade para o mundo. Você vai ensinar, por meio do seu próprio exemplo, aquilo que você tem para dar como contribuição. Você pode transmitir isso para seus filhos ou compartilhá-lo com um amigo durante uma caminhada. Você pode partilhar a sua sabedoria no bebedouro do escritório ou na festa de doze anos de seus sobrinhos. A cada um de nós é dada a oportunidade de contribuir o tempo todo. Pode ser no velório de um parente ou quando um antigo colega de escola se comunica conosco pela Internet. Não precisamos saber quando e onde teremos a oportunidade de dar o nosso presente ao mundo; é preciso apenas aceitar que verdadeiramente o possuímos. Ao ficar diante da dádiva especial que carregamos, teremos a sensação profunda de que estamos em paz com nossas histórias e prontos para dar um salto espetacular das profundezas do nosso drama para dentro da nossa Divina expressão.

COMO SUPERAR A SUA HISTÓRIA

Em algum momento ficou claro para mim que a minha história não estava me levando a lugar nenhum. Eu estava diante de uma escolha: podia permanecer nela, continuar fazendo o que já vinha fazendo, esperando que as coisas melhorassem e esforçando-me para encontrar um pouco mais de alegria ou felicidade; ou poderia desistir de toda a segurança e conforto transmitidos pelo que me era familiar e embarcar numa aventura além da minha história. No fundo da minha alma, eu sabia que tinha um chamado mais elevado. Eu ansiava pela espontaneidade do desconhecido. Estava enjoada e cansada da previsibilidade da minha vida. Eu me sentia como se tivesse sido consumida dentro da minha história. Meu drama já não me oferecia surpresas ou alegria. Eu sempre sabia o que ia dar certo, o que daria errado, quais objetivos eu iria atingir e quais estariam fora do meu alcance. Finalmente, chegou o dia em que cheguei ao fundo do poço e passei a não querer mais viver dentro das limitações que eu mesma criara. Nesse dia, comecei a rezar, pedindo coragem para não mais saber de mim, porque o eu que eu conhecia deixava-me desiludida e vazia por dentro. Rezei pela revelação do meu Eu superior. Não que eu estivesse preocupada com o eu que eu conhecia, mas era uma saga aborrecida, e continuar vivendo cada dia era como assistir a um filme que eu já tivesse visto muitas vezes. De certa forma, foi uma bênção toda essa turbulência interior, porque isso acelerou o meu desejo de superar a minha história.

Enquanto eu passava pela experiência do meu divórcio, ficou evidente que já era tempo de eu superar mais uma de minhas histórias, que mais uma vez era hora de afundar ou de nadar. Eu tinha acabado de dar à luz o meu primeiro filho e, inconscientemente, entrara direto no drama materno, com suas alegrias, triunfos, preocupações e medos. Ora, isso sim era uma história! Eu me preocupava em como iria viver, como poderia sobreviver sozinha e como arranjar meios para criar uma vida para mim e para o meu filho.

Certo dia, enquanto me sentia absolutamente sufocada pelas limitações do meu passado, minha irmã me fez uma pergunta de peso: "O que você precisaria fazer para sentir-se abençoadamente feliz, dar a sua contribuição para o mundo, cuidar do seu filho e criar a vida dos seus sonhos?" Enquanto eu examinava essa pergunta, percebi claramente que já era hora de parar de ser uma estudante e passar para o papel de professora. Já era tempo de partilhar a sabedoria que eu levara anos para acumular. O único talento que eu realmente sabia que tinha era descobrir a dádiva ou a bênção que acompanhava uma experiência negativa. Meu sofrimento me ensinara a me tornar mestre na arte de reinterpretar as minhas experiências e usá-las para transformar a minha realidade. A dor e o sofrimento do meu passado tinham me presenteado com uma especialidade exclusiva: levar luz à escuridão e descobrir bênçãos em todos os acontecimentos da vida. Enquanto eu avaliava as minhas aptidões e capacidades, percebi que o meu bem mais valioso vinha de uma fonte muito improvável: a dor e as lutas do meu passado.

Diante dessa encruzilhada, percebi que eu poderia usar tanto as experiências da minha vida para contribuir para os outros ou permitir que o meu passado, com todas as suas limitações, continuasse me usando. Eu tinha de decidir qual o caminho a tomar, e essa decisão precisava ser acompanhada de ação. Eu sabia que o meu objetivo era levar a luz à escuridão, levar a recuperação onde houvesse dor. Enquanto eu imaginava de que modo realizar esse objetivo, a resposta surgiu clara: eu precisava escrever — e me comprometi a escrever todos os dias.

O fato de escrever diariamente, gostando ou não, ajudou-me a viver fora da minha história. Embora o meu comprometimento fosse forte, eu sabia que precisaria de uma estrutura de apoio se quisesse continuar vivendo a mais alta expressão de mim mesma. Eu tinha de tomar posição e declarar em alto e bom som: "Essa sou eu." Contei a todas as pessoas com quem me encontrava que eu estava escrevendo sobre o lado sombrio das pessoas. Não só contei a todos os amigos e parentes; fui a público, apresentando o meu novo eu a editores, agentes e mestres espirituais. Eu tinha de me colocar na linha de frente, de tal modo que, se escorregasse de novo para dentro da minha história, eu sofreria conseqüências imediatas. Durante esse período de descoberta do meu Eu superior, atraí um grupo inteiramente novo de amigos e conhecidos que jamais tinham conhecido o meu drama do tipo "pobre de mim". Eles só sabiam a história de quem eu queria ser. À medida que fiz essa mudança dentro de mim, descobri que o mundo me respondia de forma diferente.

Escrever um livro fora uma coisa que eu sempre desejara fazer, mas isso sempre estivera bem fora dos limites da minha história. Mas esse era, evidentemente, o meu próximo passo. Era óbvio que eu só tinha duas escolhas: poderia continuar seguindo pela estrada da repetição, que não leva a lugar nenhum, colecionando mais histórias de guerra, mais cicatrizes e mais resignação, ou poderia fazer uma nova escolha, trilhar um caminho diferente e chegar a algum lugar em que nunca estive antes. Eu sabia que, para atingir a minha meta, eu precisaria ficar diante do desconforto e do medo do desconhecido, em vez de me refugiar na falsa segurança do terreno familiar. Fiz a escolha consciente de parar de ouvir a minha Caixa de Sombras, que berrava: "Você nunca acaba o que começa. Você não é suficientemente inteligente para escrever um livro e, de qualquer modo, ninguém iria ouvir o que você tem a dizer." Em vez disso, fiz escolhas que estavam fora do campo de qualquer coisa que eu já tivesse feito. Dia a dia, passei a praticar ações que coincidiam com a pessoa que eu desejava ser, e não com aquela que eu tinha sido até então.

Depois de alguns meses seguindo a escolha conscienciosa de viver fora da minha história, eu podia dizer imediatamente quando tinha vacilado nesse propósito. Eu sentia esse estado de resignação aproximando-se como uma nuvem escura, carregada de todos os velhos sentimentos de dúvida em relação a mim mesma, incertezas e medos. Eu sabia quando tinha retrocedido para as limitações do meu drama quando eu começava, de novo, a ouvir aquela pequena e assustada parte de mim que implorava para não lutar por nada que não fosse a vida que eu já conhecia bem. Eu suplicava para que eu me contivesse e permanecesse em segurança. Quando eu voltava para dentro da minha história, eu me sentia insignificante, aborrecida e preguiçosa. Saltar para fora da minha história exigia que eu parasse, fechasse os olhos e informasse a mim mesma: "Aqui estou eu, de volta à minha história." Fora da minha história, porém, eu me sentia forte e corajosa, sem limites e indestrutível. Mas sair do meu passado e abandonar a história que eu conhecia tão bem foi como que saltar de cima de um penhasco muito alto. Eu tinha a impressão que a altura da qual eu poderia cair seria fatal. Dentro da minha história eu já me sentira diante de um fracasso; só que, se eu tentasse algo, e não conseguisse, ninguém perceberia. Mas agora eu subira consideravelmente as apostas. Desistira dos meus álibis. Se falhasse na entrega de um livro, se não me mostrasse como aquela que eu dissera que desejava ser, eu desabaria na desesperança e na resignação de uma vida sem realizações. Esse pensamento era tão intolerável que levou-me a me manter caminhando mais depressa, assumindo riscos e me levando para a frente com um objetivo tão bem definido como eu jamais tivera antes. O que eu descobri é que, quanto mais escrevesse sobre minhas experiências de vida para dar minha contribuição à vida de outras pessoas, mais eu me afastava da minha história.

Em última análise, dar a nossa contribuição exclusiva e fazer uso da nossa especialidade será a nossa salvação. Porque quando estamos usando tudo o que sabemos, tudo o que fomos e tudo o que somos, estamos sintonizados com a vastidão do Universo e com a expressão mais elevada de nossas almas. Nossa atenção e energia não vão estar mais voltadas para nós e para o nosso drama. Isso certamente correspondeu à verdade para minha amiga Karen. Ela cresceu sentindo que os pais não a amavam, ao mesmo tempo que era agredida verbalmente por eles. Ela não conseguia se lembrar de um momento ao menos em que não estivesse ouvindo mentalmente uma voz afirmando que ela era desajustada e desastrada. Quando estava cursando os primeiros anos de escola, Karen começou a usar a comida como forma de mascarar seu sofrimento, abafar sua sensação de desajuste e lhe dar a segurança que nunca tivera em casa. Aos dez anos, Karen estava muito acima do peso, e assim permaneceu durante a maior parte da sua vida adulta. O fato de estar obesa, evidentemente, fez com que ela se sentisse mais desajustada. Sentindo-se gorda, indigna e burra, Karen decidiu tornar-se invisível e raramente abria a boca para falar. Em vez disso, continuou a se agredir comendo demais, empanturrando-se, na tentativa de calar os pensamentos sombrios e os sentimentos dolorosos que estavam sempre berrando para chamar a sua atenção. De algum modo, essa estratégia funcionava. Karen sentia-se emocionalmente entorpecida e desligada de qualquer sentimento de paixão em sua vida. A mensagem gravada da sua história, que Karen tocara vezes sem conta em sua mente, dizia que ela era gorda, insignificante e que sua vida não tinha a menor importância.

Então, um dia depois do casamento de sua filha mais velha, Karen e a família reuniram-se animadamente para assistir ao vídeo da cerimônia. Quando Karen se viu no vídeo pela primeira vez ficou horrorizada. O sentimento de desajustamento que ela tanto tentara abafar, agora emergia implacavelmente. Ela realmente viu a projeção de sua história sombria em cores vívidas na tela da televisão. À medida que anos de sofrimento não trabalhado desabavam sobre ela, Karen fechou os olhos e voltou-se para dentro de si mesma, lembrando todos os incidentes do seu passado que a tinham deixado sentindo-se desajustada, imperfeita e indigna de ser amada. Mais tarde, quando conversamos, eu a encorajei a escrever um diário como forma de se curar e aliviar o peso do sofrimento que ela carregava havia tanto tempo. Junto com a redação do diário, Karen começou a meditar, rezando e ficando em silêncio tempo suficiente para ouvir o que se passava dentro dela.

Muitas semanas depois, quando Karen assistiu de novo ao vídeo do casamento, ficou feliz com o que viu. Dessa vez, seu excesso de peso mostrou-se a ela, não como uma fonte de vergonha e culpa, mas como uma armadura que a defendia do mundo e a protegia de sua aversão a si mesma. Depois de aceitar o presente de proteção que essa armadura tinha lhe dado durante décadas, Karen agora estava querendo abri-la e aventurar-se do lado de fora da segurança de sua história autodepreciativa. O fato de se agarrar ao seu excesso de peso permitiu que ela escondesse a verdade sobre si mesma: que ela merece todo o amor que o mundo tem para lhe dar. Suas imperfeições físicas e seu peso tinham sido o seu campo de batalha durante tanto tempo, e agora ela estava se comprometendo a abandonar a trilha conhecida da auto-agressão para pisar o terreno do desconhecido.

A vida de Karen transformou-se radicalmente depois que ela identificou a história da sua vida. Agora, como esteticista, ela trabalha como orientadora e ajuda outras mulheres a pararem de se entorpecer e de se agredir com a alimentação, ensinando-as a curar as emoções que estão por trás dos problemas de peso. Ela faz com elas um treinamento para que deixem de se esconder e encontrem coragem para expressar sua beleza autêntica. Ela repassa para outras mulheres aquilo que deu a si mesma: auto-aceitação, segurança e confiança para se expor. Quando os sentimentos depreciativos afloram, como acontece de tempos em tempos, Karen os abençoa e aceita. Acima de tudo, ela abençoa a própria gordura, porque essa foi a força que impulsionou sua descoberta da contribuição exclusiva que ela tem a oferecer e sua decisão de partilhar com o mundo a sua especialidade. Ao se posicionar fora da sua história, Karen respeita seu corpo como a um templo e faz escolhas que sustentam seu bem-estar.

Dar um passo para fora de nossas histórias é como estar com um pé em cada mundo. Quando olhamos para a trilha de nossas histórias, sabemos com certeza aonde ela vai nos levar. Mesmo que não gostemos do destino a que vamos chegar, ao menos nos sentimos confiantes e à vontade por saber o que nos espera. Mas a escolha da estrada desconhecida e uma vida fora de nossas histórias requer que tenhamos confiança que o Universo nos mostrará o caminho e nos dará o que for necessário.

Quando conheci Lyndi alguns anos atrás, ela estava com trinta e poucos anos e trabalhando como corretora de seguros. Seus pais, ambos alcoólatras, tinham se divorciado quando Lyndi era bem jovem e muito raramente estavam por perto para cuidar dela ou de seu irmão mais novo. Assim, Lyndi foi obrigada a se defender sozinha. Embora tenha começado a trabalhar aos catorze anos, ela mal ganhava o suficiente para comprar suas roupas e o material escolar. A história que se desenvolveu a partir da infância de Lyndi é que a vida é uma batalha em que ninguém jamais está disposto a ajudá-la e, por isso, ela precisa cuidar de si mesma. Externamente, Lyndi aparentava confiança e competência, projetando a imagem de que tinha tudo sob controle, embora tivesse um grande segredo: à noite, depois de passar o dia vendendo seguros no escritório, Lyndi entrava no seu carro e ia para o centro da cidade, onde trabalhava como dançarina num bar *topless*, como forma de satisfazer sua fome de dinheiro aparentemente insaciável. Lyndi queria desesperadamente levar uma vida mais espiritual, mas tinha se acostumado com o dinheiro que ganhava como dançarina e não sabia como sobreviver financeiramente sem ele. Afinal, o fato de que estava explorando o próprio corpo por dinheiro tornou-se um tributo alto demais a ser pago por sua auto-estima, e um dia ela simplesmente não pôde continuar.

Decidida a deixar a vida a que estava acostumada, Lyndi resolveu usar as economias que juntara dançando para fazer uma viagem até a Índia. Ela esperava, na verdade, que alguma coisa grande e importante acontecesse enquanto estivesse lá que pudesse lançá-la para fora de sua história e a projetasse dentro de sua essência espiritual. Mas, em vez disso, ela teve duas experiências profundas mas sutis, que acabaram por mudar seu destino e lhe deram coragem para sair de sua história.

Enquanto participava de um seminário espiritual em Goa, Lyndi cruzou com um homem que estava vendendo as mais lindas fotografias da

Índia. Ela queria desesperadamente comprar aquelas lembranças belíssimas para mostrar aos amigos e à família e também para se recordar de sua peregrinação espiritual; mas, quando descobriu o preço das fotos, percebeu que não poderia assumir aquela despesa. Uma vozinha segredou-lhe para esperar até o final do seminário, porque o homem provavelmente venderia as fotos restantes com desconto, mas Lyndi não confiou em sua sabedoria íntima e ficou com medo de que, se não agisse imediatamente, não sobraria nenhuma foto para ela. Assim, esvaziou a carteira, comprou as fotos e levou-as para o seu quarto. No último dia do seminário, todos os vendedores estavam embalando suas mercadorias para ir embora, e Lyndi percebeu que seu primeiro pensamento estava certo: lá estava o homem, vendendo as mesmas fotos que ela havia comprado por um terço do preço que pagara. Enquanto se afastava, Lyndi sentiu uma pontada de remorso que lhe era muito familiar.

Lyndi também viajara com a esperança de descobrir uma colcha para cama igual à que seu pai possuíra. Passou dias entrando e saindo de pequenas butiques, esperando encontrar o que estava procurando. Quando a viagem foi chegando ao fim, passou-lhe pela cabeça o pensamento de que o que estava buscando simplesmente não existia; por isso, contra a vontade, ela comprou o que mais se aproximava do seu desejo. Então, no aeroporto de Nova Délhi, enquanto esperava pelo embarque, ela entrou numa lojinha e viu, pendurada num canto, na parte de trás, exatamente a colcha que ansiava por dar de presente para seu pai. Infelizmente, a essa altura, as malas de Lyndi estavam cheias e os bolsos vazios. Lyndi ficou surpresa e espantada ao perceber que, se tivesse confiado no Universo e na sua sabedoria interior, tudo o que desejava lhe teria sido dado sem esforço nenhum de sua parte.

Em vez de ser capaz de se aquecer na alegria que emana da Divindade do Universo, Lyndi ficou face a face com as limitações paralisantes da sua história, que lhe diziam que ela não podia confiar no Universo para cuidar de suas necessidades. Quando ela me contou essa história, uma verdade profunda emergiu: Lyndi descobrira sua convicção sombria mais arraigada, que dizia: "Não posso confiar em ninguém para cuidar das minhas necessidades." Quando pressionada, Lyndi sempre cruzava a linha de sua integridade e tentava fazer com que alguma coisa acontecesse, certa de que jamais satisfaria suas necessidades de outra forma. Lyndi tinha exemplos incontáveis que lhe mostravam que, se ela apenas tivesse deixado as coisas acontecerem — abdicando de sua história —, o Universo teria dado a ela exatamente aquilo de que precisava. Ficou evidente que a história de Lyndi e todo o seu drama tinham dado a ela uma sabedoria particular e um talento especial: a especialidade de Lyndi é ensinar aos outros a confiar no Universo, render-se ao seu arbítrio e dar ouvidos à sua sabedoria íntima. Atualmente, como orientadora de meditação e professora de ioga, ela muitas vezes diz aos alunos: "Ouça o seu coração e dê aquele salto com fé." Deixando de lado a própria história, Lyndi tem agora um novo mantra: "O Universo me dá tudo aquilo de que preciso." Lyndi sente-se abençoada por saber que Deus lhe fala através de seu próprio conhecimento interior.

A DESCOBERTA DE SUA
ESPECIALIDADE: O PROCESSO

Para descobrir a sua especialidade, você precisa identificar e integrar os incidentes significativos — tanto os positivos quanto os negativos — que levaram você a se tornar a pessoa que é hoje. Esse processo requer que você faça muitas coisas:

1. *Escreva uma lista das experiências significativas da sua vida, incluindo seus traumas, vitórias, amores, perdas, sucessos e humilhações.* Esses são os ingredientes particulares de sua receita, os quais, uma vez integrados, vão lhe dar tudo o que você precisa para descobrir sua especialidade e dar sua contribuição exclusiva.

2. *Examine o tema ou os temas comuns a cada um desses acontecimentos.* Deve ser aquela perda é o tema que permeia a sua história. Ou você pode descobrir que o seu tema é que você foi abandonado pela sua família, rejeitado pelos seus amigos ou passado para trás no trabalho. O tema que o seu passado revela pode ser que você nunca foi bom o bastante — para conseguir um papel naquela peça, para entrar na escola certa ou para encontrar um companheiro leal.

3. *Pergunte a si mesmo: "Se eu fosse dar um curso baseado nos incidentes do meu passado numa faculdade, que nome eu lhe daria?"* Você quer descobrir aquilo que nas suas experiências o tornou o único qualificado para ensinar ou dar sua contribuição? O que você sabe e compreende sobre a vida mais do que a maioria? O que você aprendeu de todas as suas experiências que poderia beneficiar outras pessoas?

Minha irmã Arielle é um grande exemplo de alguém que está usando a própria história e todo o seu conteúdo para se fortalecer e dar sua contribuição para o mundo. Arielle aperfeiçoou a arte e a habilidade para fazer as coisas acontecerem. Pedi-lhe que me contasse alguns dos acontecimentos e incidentes significativos do passado que a ajudaram a descobrir e desenvolver sua especialidade exclusiva. Quando mergulhou em si mesma, três acontecimentos se destacaram. O primeiro aconteceu quando ela tinha quatros anos de idade e estava na igreja com a nossa família. Quando eles estavam entrando na igreja, Arielle ouviu por acaso Sy Mann, que presidia a igreja naquela ocasião, dizendo a outro adulto que as pessoas estavam conversando demais durante o culto. Num impulso repentino, durante o serviço religioso daquela manhã, Arielle levantou-se e começou a percorrer, ida e volta, as fileiras da nave, em seu lindo vestido cor-de-rosa e seus sapatos de verniz preto, berrando a plenos pulmões: "Sy Mann disse para calarem a boca!" De repente, todos estavam olhando para Arielle, rindo da inocência de seus quatro anos. Arielle lembra-se de ter ficado envergonhada e horrorizada, querendo sumir e nunca mais ser vista. Ela passou os vinte anos seguintes tentando ficar invisível e longe dos refletores.

O segundo acontecimento ocorreu quando ela estava com sete anos. Arielle estava fascinada por tudo o que referia a fantasia, a histórias de fada e a magia. Como sua irmã mais nova, lembro-me de haver sessões espíritas na minha casa e colegas da escola me chamando de irmã da feiticeira, porque Arielle usava seu cabelo preto e longo abaixo da cintura, vestia-se sempre de preto e estava em busca de outras realidades. Havia alguma coisa muito diferente com relação a Arielle; eu sabia disso e todos os que a conheciam também. Uma das experiências que ela nunca vai esquecer aconteceu quando ela estava com sete anos. Arielle acordou no meio da noite e viu o nosso avô Lou sentado aos pés de sua cama. Ele disse: "Vim para me despedir e dizer-lhe que sempre estarei com você." E então a imagem dele se desfez. Naquele exato momento, Arielle ouviu o telefone tocar, as luzes da casa se acenderem e ouviu sua mãe chorando dolorosamente. Alguns minutos depois, papai entrou no quarto dela e disse: "Preciso lhe contar que o Vovô Lou morreu." Arielle respondeu: "Sim, papai. Ele mesmo me contou." Foi nesse instante que ela descobriu que há mais vida do que podemos enxergar.

O terceiro acontecimento ocorreu no seu primeiro dia de faculdade. Quando Arielle foi se inscrever para sua especialização em produção para TV, ela foi apresentada ao reitor da universidade, que rapidamente a informou de que não havia futuro para as mulheres no setor da radiodifusão. Ele lhe disse que ela se daria bem melhor se procurasse a faculdade de jornalismo. Em conseqüência do conselho do reitor, Arielle partiu para o aprendizado dos caminhos do jornalismo, enquanto ao mesmo tempo aprimorava sua escrita. Quando Arielle acabou a faculdade, decidiu que o trabalho em que ela faria o melhor uso de suas habilidades e potencialidades não seria no jornalismo mas em relações públicas.

Nos dez anos seguintes, Arielle promoveu com sucesso eventos para artistas, cantores e associações, mas ela ainda se sentia insatisfeita e contrariada. Então, um dia, ela acordou com a convicção que precisava incluir sua vida espiritual em seu trabalho. Tudo o que fizera a preparara para praticar uma especialidade muito particular e exclusiva e que nisso consistia a contribuição que era realmente importante para ela. Hoje ela é uma das pessoas mais poderosas e influentes no mundo espiritual. Não somente ela promove os principais líderes espirituais do nosso tempo, mas ela própria é um agente que ajuda a difundir importantes mensagens pelo mundo e é a autora da série *Hot Chocolate for the Mystical Soul*.

Revendo esses três acontecimentos significativos da vida de Arielle, percebemos que dois temas distintos emergem. O primeiro é que não era seguro para ela ficar em evidência. A mensagem sutil que Arielle recebeu, tanto do incidente na igreja quanto ao ser aconselhada a não seguir a carreira ligada à radiodifusão, era para não se expor mas permanecer nos bastidores. O outro tema era a sua ligação profunda com o mundo espiritual. Quando Arielle viu para que finalidade suas experiências a tinham preparado, percebeu que tinha habilidade, conhecimento e energia para difundir mensagens importantes pelo mundo afora. Em vez de se sentir desencorajada ou vítima dos acontecimentos de sua vida — o que ela facilmente poderia ter feito —, ela decidiu usar o passado, sua dor e seus talentos para acrescentar algo para o mundo.

Cada um de nós tem essa capacidade; não importa quão trágico, exaustivo ou satisfatório tenha sido o nosso passado. Queremos examinar nossas vidas e desenterrar a nossa contribuição e os nossos talentos. Aprendemos coisas e passamos por coisas que os outros jamais experimentaram. Nossa experiência é que faz de nós especialistas. E o mundo está precisando daquilo que temos a oferecer. Isso foi uma verdade para Johanna, que passou anos de sua vida mergulhada numa história que girava em torno da idéia de que ela era uma pessoa horrível. Quando eu a conheci, ela estava angustiada e envergonhada com o fato de que nascera e fora criada na Alemanha, e fazia parte de uma cultura que cometera terríveis atrocidades contra milhões de judeus. Johanna lutou contra a depressão, a raiva e o medo que a atingiam tão profundamente que ela mal conseguia tolerar o sofrimento. Essa história consumia cada um de seus pensamentos. Eu sabia que para Johanna se curar e sair da sua história, ela precisaria descobrir a dádiva que a sua dor carregava.

Pedi a Johanna para me contar como era ter nascido na Alemanha quinze anos depois da guerra. Ela me disse que os primeiros anos de sua vida foram tranqüilos e alegres, passados entre as colinas e a cultura pitoresca do vilarejo em que vivia. Mas quando chegou aos oito ou nove anos, Johanna começou a ouvir as histórias que seus pais e avós contavam sobre a guerra, descrevendo as bombas que caíam por todo lado e a necessidade de passar a noite no porão para se abrigar. Ela imaginava o terror de pais e mães que não sabiam se veriam seus filhos novamente. Enquanto seus parentes relatavam suas lembranças dolorosas, ela se horrorizava com o medo, o sofrimento e a fome que marcaram aquele período sombrio da história alemã.

Quando estava na oitava série, Johanna assistiu na escola a um documentário sobre a guerra. Essa foi a primeira vez em que ela realmente viu ou percebeu o impacto do massacre que acontecera em seu país. As lágrimas jorraram de seus olhos e uma vergonha profunda a invadiu quando percebeu que era cidadã de um país que havia perpetrado uma violência terrível contra os judeus. De repente, um pensamento, talvez ainda mais sombrio, surgiu dentro dela: "Se o povo do meu país pôde massacrar dez milhões de pessoas a sangue-frio, o que isso me torna? Eu seria capaz dos mesmos crimes que foram cometidos pelo meu próprio povo?" Nesse momento, Johanna sentiu a profunda vergonha da sua herança e a assumiu.

Pedi então a ela que desse o próximo passo e fizesse uma lista dos acontecimentos significativos do seu passado que ainda pesavam no seu coração. Quais eram os incidentes e acontecimentos que ainda lhe causavam embaraço, raiva ou vergonha? E qual o significado que dera a esses incidentes com relação a si mesma? Eis a lista que ela fez:

Quando eu era criança, disseram-me que na Alemanha as pessoas não pensaram por si mesmas mas apenas seguiram Hitler, o que custou milhões de vidas. Decidi que jamais faria parte de uma organização, com medo de perder a minha capacidade de pensar por mim mesma.

Muitas vezes as pessoas me diziam: "Você é tão boa. Não se parece em nada com aqueles nazistas." Decidi que, se me expressasse em voz alta e enérgica, poderiam me julgar uma alemã colérica; então reprimi a minha energia e a minha capacidade de liderança e tentei ser sempre boazinha e recatada.

Depois de me mudar para os Estados Unidos e sentir pela primeira vez a animosidade que alguns americanos nutrem contra os alemães, eu me afastei dos meus amigos alemães e passei doze anos sem falar com nenhum deles.

Quando visitei a França, meu companheiro de viagem me avisou: "Os franceses odeiam os alemães; por isso diga sempre que é suíça ou austríaca." Resolvi que não era bom ser quem eu era e comecei a assumir diferentes *personas*, tentando me ajustar.

Quando eu era jovem, minha mãe me contou que ela costumava brincar com algumas crianças judias que moravam na mesma rua que ela. Disse-me que certo dia, quando a guerra estourou, elas simplesmente desapareceram. Fiquei horrorizada. O simples fato de ter conhecimento desse incidente não me deixava ficar à vontade com judeus.

Logo que me mudei para os Estados Unidos, fui a uma festa dada pelo meu patrão, que, por acaso, era judeu. Uma das brincadeiras da festa era pôr o nome de um personagem famoso nas costas de cada um que entrasse. Então, cada convidado era obrigado a perguntar aos outros para descobrir de quem era o nome que estava carregando. Excessivamente consciente da minha herança, rezei para que não tivessem posto o nome de algum nazista nas minhas costas; mas, para o meu horror, o nome que me haviam dado era Adolf Hitler.

Quando eu ainda morava na Alemanha, entrei num café numa cidadezinha. Um amigo do meu avô estava sentado a uma mesa, gabando-se de sua lealdade ao partido nazista e dizendo: "Eu ainda uso a minha camiseta marrom!" Eu passei mal de tanta vergonha e humilhação, além do horror de saber que eu fazia parte daquele povo.

Depois de assistir a um documentário sobre a guerra, tentei apagar dentro de mim qualquer coisa que pudesse ser vista como sombria ou maligna. Lutei para nunca fazer nada de mau para ninguém, esperando que isso servisse de garantia para que nada de mau me acontecesse. Tornei-me excessivamente rígida e controlada, e assim muito raramente conseguia me divertir.

Tendo visto a devastação que o ódio provoca, nunca me permiti ficar zangada ou mesmo estabelecer alguns limites saudáveis. Achei que precisava ser boa com todo o mundo, mesmo quando as pessoas estivessem se aproveitando de mim.

Era evidente que esses acontecimentos da vida de Johanna lhe tinham dado uma receita muito particular. O próximo passo era Johanna descobrir suas dádivas. Pedi-lhe que fizesse uma lista do que ela tinha agora e que resultara de sua criação na Alemanha. A lista a seguir relaciona o preparo e as habilidades que Johanna tem agora e que não possuiria se não tivesse passado por aquelas experiências.

Crescer na Alemanha, depois da guerra, despertou em mim a paixão pela história. Eu me tornei uma leitora voraz — tentando saber tudo sobre o Holocausto.

Fiquei muito interessada em auto-ajuda e no potencial humano. Voltei-me para a psicologia, na tentativa de entender como um louco foi capaz de levar um país inteiro a cometer crimes impensáveis.

Em função do meu ódio à minha herança, tenho facilidade para fazer novas amizades e aprender sobre outras culturas.

Sempre tive um profundo interesse em todo esforço humano. Passei a maior parte da minha adolescência protestando contra a violência e apoiando manifestações pacifistas.

Pelo horror que sempre senti à violência perpetrada contra os judeus, cedo me comprometi a levar uma vida voltada para amar, servir e curar.

Desenvolvi um profundo interesse pelo judaísmo e estudei a Cabala.

A minha procura é dirigida para o que as pessoas têm em comum e não para aquilo que as separa.

Sou muito boa para descobrir meios de resolver pacificamente conflitos, seja entre mim e o meu ex-marido ou entre meus filhos. Como não quero que ninguém fique magoado, eu me desvio do meu caminho para criar soluções que satisfaçam ambas as partes.

Aprendi a me adaptar e a ser capaz de explicar as coisas de formas muito diferentes para um grupo variado de pessoas.

Descobri que, enquanto eu me calasse sobre a minha dor em relação ao meu passado, nunca seria capaz de me recuperar dos meus problemas e seguir adiante.

Eu tenho o compromisso de levar uma resolução tanto para os antepassados das vítimas como para os que perpetraram o Holocausto. Estou numa posição única para ajudar a recuperar essa questão em termos mundiais.

Johanna conseguiu enxergar muitas dádivas decorrentes das experiências dolorosas que viveu, embora ainda não soubesse com certeza como usar sua especialidade para ajudar aos outros. Então, no ano passado, Johanna conheceu Rosemary, que é muito ativa na comunidade judaica, e as duas logo ficaram amigas. Um dia elas começaram a falar da mágoa que ainda existe entre alemães e judeus. Johanna falou para Rosemary do sofrimento que sentia por ser alemã, uma dor que ela vinha carregando durante toda a vida. Contou a Rosemary que muitos de seus amigos alemães ainda viviam mergulhados na vergonha das atrocidades que tinham sido cometidas havia mais de quarenta anos. Rosemary ficou emocionada com a honestidade de Johanna e confidenciou-lhe que a maioria dos judeus que conhecia jamais cogitara a possibilidade de que os alemães que não participaram daqueles crimes tivessem sido afetados emocionalmente pelas atrocidades. Depois de ouvir o problema do ponto de vista de Johanna, Rosemary pôde perceber de que forma os alemães, como os judeus, também tinham sido vítimas do nazismo.

Johanna e Rosemary tiveram então a idéia, brilhante, de fazer um documentário sobre os efeitos do Holocausto sobre as gerações de judeus e alemães que se seguiram à guerra. Rosemary entrou em contato com um cineasta vencedor de prêmios para documentários que ela conhecera recentemente na Califórnia, e ele concordou em produzir o filme. Todos que ouvem falar do projeto ficam profundamente tocados e emocionados, sentindo do fundo do coração como essa mensagem é importante no sentido de curar uma dor que é mundial.

Agora que Johanna está trabalhando por um objetivo mais elevado, ela já não sente vergonha de sua herança ou de qualquer dos incidentes do seu passado. Pela primeira vez ela realmente entende o propósito mais profundo do sofrimento e do turbilhão interior que a fizeram sofrer durante todos aqueles anos. Na verdade, ela abençoa a própria dor, porque ela lhe deu a sabedoria necessária para mudar alguma coisa no mundo. Johanna chorou quando me disse que ela quis saber, durante toda a sua vida: "Para que eu vim ao mundo?", e agora ela já sabe. Fazer parte de algo maior do que ela mesma deu a Johanna a paz que ela sempre desejou. Ela se cuida mais agora — desde sua alimentação até a forma com que fala consigo mesma —, porque sabe que é portadora de uma dádiva preciosa, que é a intenção de levar a cura para o mundo.

O trabalho de Johanna é compensador. Ela encontrou a especialidade que estava escondida na dolorosa história da sua vida. Seu novo compromisso é ser um catalisador entre alemães e judeus. Johanna disse-me recentemente que, se não fosse por ter se disposto a trabalhar sua vergonha e a desfazer as pelotas de sua massa, ela jamais teria tido coragem nem mesmo para iniciar uma conversa com um judeu.

Nossas especialidades muitas vezes nascem da nossa dor. Elas são algumas das dádivas exclusivas que temos para distribuir. Não há hierarquia entre as especialidades e não existem duas iguais. Nossa especialidade é aquilo que nos permite usar nossas histórias em vez de sermos usados por elas. Esse é o nosso único meio para contribuir para o mundo, para saber que podemos mudar o rumo das coisas e que nossos desgostos e tribulações não foram em vão. O processo de revelação da nossa especialidade nos faz reinterpretar os acontecimentos da nossa vida, para indicar novos significados que vão mexer conosco e nos projetar além das limitações das nossas histórias. Todos nós temos uma escolha a fazer. Podemos decidir preparar a receita que nos foi dada como uma obra-prima cheia de propósito, que vai alimentar nossas almas e nutrir os que estão à nossa volta; ou podemos deixar que nossas preciosas receitas permaneçam cruas. Revelar nossa especialidade exclusiva é o passo mais importante que você pode dar para transformar a sua vida e viver fora da sua história. Usar a sua especialidade vai permitir que você se eleve em toda a sua estatura e sinta-se fortalecido e orgulhoso de si mesmo e da sua vida.

PASSOS PARA A CURA

1. Identifique dez incidentes — positivos e negativos — que tenham influenciado significativamente a sua vida. Reflita sobre cada um deles, perguntando a si mesmo:

Quais são as habilidades e aptidões que desenvolvi por causa dessas experiências?

Como posso usar esse incidente para ajudar a mim e aos outros?

Se a minha vida vem me treinando para suprir alguma necessidade especial do mundo, qual seria ela?

2. Suponha que você foi convidado para dar um curso numa faculdade com base no ponto mais elevado de todas as experiências da sua vida. Que nome você daria a esse curso?

Reflexão

"*Tenho uma especialidade que difere
de todas as outras no mundo.
É seguro para mim contribuir
com a minha especialidade.*"

Capítulo 9

VIVA FORA DA SUA HISTÓRIA

Viver dentro de nossas histórias nos garante uma vida repleta de medo e carências. O medo nos diz para tomar cuidado, para nos escondermos, para agir pouco e discretamente, a fim de não nos expormos demais. A carência nos leva a violentar nossas almas ao tentar nos agarrar a qualquer coisa que possa nos fazer sentir ou parecer melhores. Quando estamos carentes, quando estamos agarrados a algo, quando julgamos a nós mesmos ou as outras pessoas, podemos ter certeza de que estamos nas nossas histórias. Fora de nossas histórias não há carência. Há apenas a crença e o conhecimento íntimo de que tudo é como deveria ser. Quando ouvimos o nosso diálogo interior e examinamos o nosso íntimo com freqüência, somos capazes de distinguir a qualquer momento se estamos dentro ou fora de nossas histórias.

Fora das fronteiras de nossos dramas pessoais, nosso diálogo interior reflete as possibilidades ilimitadas que estão à nossa disposição a qualquer momento. Fora de nossas histórias, estamos cheios de sentimentos que refletem o nosso Eu superior em vez daquele que é eco dos nossos pensamentos mais baixos. Estamos cheios de uma sabedoria interior que nos diz: "Confio que o Universo vai me levar para onde devo ir. Eu amo a vida. Tudo está se desdobrando de acordo com a ordem Divina. O que tenho é o bastante. Sou suficientemente bom. Sou abençoado. Eu posso fazer isso. Acredito em mim mesmo. Bom para mim! Como poderei fazer alguma coisa por você?" Fora de nossas histórias, nós nos aquecemos com emoção, alegria, abundância, abertura, entusiasmo, animação, confiança, gratidão, reverência, conhecimento íntimo, autoconfiança, apreço, respeito, amor incondicional e energia sem limites.

COMO SAIR DA SUA HISTÓRIA

Todos têm os dias em que o diálogo interior é mais consistente com seu drama pessoal do que com sua grandeza. Para sair de nossas histórias, precisamos primeiro conseguir reconhecer que estamos dentro delas. Precisamos ser capazes de dizer: "Esta é a minha história. Estas são as minhas convicções sombrias. Esta é a minha Caixa de Sombras, que berra comigo o dia inteiro." Se a primeira coisa que ouvirmos de manhã da nossa Caixa de Sombras for: "Você é um inútil. Nunca vai conseguir o que deseja" — ou: "Você está com uma aparência horrível. Por que não se alimenta melhor?" — a maioria, em vez de dizer: "Ora, já vi que estou na minha história..." — apenas entra nela. Vamos atrás dela. Mordemos a isca e nos envolvemos. Não apenas ouvimos essa voz, nós nos *tornamos* essa voz; e em vez de assistirmos ao filme, nós nos tornamos os astros do espetáculo.

Recentemente, passei um tempo com Ethan, um terapeuta holístico de trinta e nove anos de idade, que me contou como se sente diferente quando está na sua história em relação às ocasiões em que fica livre de suas limitações. "Não me sinto em segurança no mundo" é o tema da história de Ethan. Curiosa, eu quis saber mais a respeito.

Como muita gente, Ethan vem percorrendo o caminho do aperfeiçoamento pessoal há muitos anos. Comprometido com a transformação de si mesmo, ele buscou por toda parte, aprendendo técnica em cima de técnica, tentando sentir alguma segurança interior e transformar-se em algo mais do que tinha sido até então. Ethan sabia que havia mais dentro dele do que tinha conseguido alcançar. Frustrado com sua incapacidade de ser bem-sucedido em sua carreira e na sua desesperada necessidade de se sentir seguro, Ethan entorpecia-se com maconha, esperando encontrar aí a paz e o contentamento que tanto desejava. Com o compromisso de quebrar as barreiras que se erguiam entre ele e o eu que ele idealizara, Ethan envolveu-se com o meu programa de treinamento. Um dos primeiros exercícios indicados era identificar as histórias que giravam em torno de cada aspecto da sua vida.

Ethan começou por examinar a história ligada às razões que o levavam a fumar maconha. Sua história lhe disse que o baseado aumentava a sua criatividade e autoconfiança, mas a verdade é que a maconha o afastava da vida que ele desejava. O vício o separava tanto de sua dor quanto de sua paixão. Pedi a Ethan que identificasse não só os sentimentos mas também os outros comportamentos que faziam parte da sua história.

Vivendo nos limites da sua história, Ethan poderia passar horas, todos os dias, "chapado" e fantasiando a respeito de como sua vida poderia ser. Ele podia sonhar de olhos abertos com diferentes projetos e fazer de conta que aqueles planos intermináveis realmente o levariam a algum lugar. Ethan estava sempre "se preparando" para entrar em ação, mas nunca pisava na arena para tornar isso uma realidade, porque estava sempre com muito medo. Dentro de sua história, Ethan tinha medo de comentar seus sonhos com outras pessoas, sentindo que, se fizesse isso, poderia afastar o momento e a capacidade de realizá-los. Com relação a ser aceito, Ethan temia a desaprovação dos outros, que ele achava que talvez não o apoiassem em seus objetivos.

Na sua história, Ethan sentia-se como se fosse pequeno e o mundo fosse enorme. Num mesmo dia, ele podia se sentir apavorado, ansioso, entorpecido, bravo, resignado, desesperançado e vítima. Dentro de sua história, Ethan sentia-se constantemente inseguro; por isso se escondia e passava despercebido.

Uma manhã, depois de outra noite fantasiando e se iludindo, Ethan olhou-se no espelho do banheiro e viu um homem envelhecendo sem ter vivido seus sonhos. Viu o rosto de um grande impostor, alguém que ainda fingia que estava a caminho do sucesso quando, de fato, sua história não o levaria a lugar nenhum. Depois de anos enganando a si mesmo, Ethan decidiu abandonar a maconha e viver fora da sua história.

Agora, do lado de fora da sua história, Ethan tem conseguido abrir o coração e se sentir seguro expondo seus sentimentos para as pessoas que estão à sua volta. Hoje ele divide seus planos para o futuro com as pessoas antes mesmo de saber como torná-los realidade, confiando que será guiado na direção certa. Fora de sua história, Ethan passa muito menos tempo planejando do que agindo. Ele está menos preocupado em ser aceito, e tenta coisas novas, sabendo ou não como fazê-las. Fora da sua história, Ethan cuida da saúde, respeita o próprio corpo e não fuma mais maconha. Ethan me contou que se sente suficientemente bem consigo mesmo para se sentir forte, quer gostem dele ou não.

Quando ele se sente livre das limitações do seu drama pessoal, Ethan se sente ligado, otimista, criativo, confiante, apoiado e em segurança no mundo. Fora de sua história, ele se sente no comando; a vida é para ele como a palheta do pintor, com infinitas possibilidades à escolha. Ele se sente honesto e autêntico, poderoso e produtivo. Acima de tudo, ele sente que é importante.

VOCÊ ESTÁ DENTRO OU FORA?

Um dos passos mais importantes para sair de nossas histórias é quando somos capazes de reconhecer que estamos vivendo dentro dela. Suzanne participou há pouco tempo de um seminário em que discutimos as limitações de nossas histórias. Ela me contou que, no último dia, levantara-se cedo e se sentara na varanda do quarto de hotel, que dava para uma baía magnífica. Contou-me que a cena não poderia ser mais perfeita, e que ela se sentira completamente em paz. Sentada num sofá confortável perto da janela, ela abriu a porta de vidro de correr para respirar o ar marinho. Suzanne resolveu que aquele era o lugar perfeito para fazer uma meditação de alguns minutos. Fechou os olhos e começou a respirar profundamente. Mas, quase imediatamente ela começou a relembrar um incidente humilhante que ocorrera entre ela e um homem cerca de uns vinte anos antes. Suzanne ficou horrorizada. Seu momento de paz e sossego fora interrompido rudemente por essa lembrança, e logo ela se sentiu como uma vítima, humilhada e impotente, à medida que ia lembrando repetidamente o incidente. Num piscar de olhos, ela fora jogada de volta à própria história, que lhe dizia que ela não era suficientemente boa para ser tratada com respeito. Em vez de dar um basta e dizer a si mesma: "Ora, vejam só, estou de novo na minha história!", ela começou a ouvir a mesma Caixa de Sombras que já ouvira milhares de vezes antes. Não precisou muito tempo para a paz e a tranqüilidade de Suzanne se transformarem em raiva, opressão e auto-aversão.

Justamente nesse momento, um bando de patos que vinha andando ao longo da janela de correr parou bem em frente do seu quarto e grasnou: "Quac, quac, quac." Suzanne abriu os olhos, incrédula. Era como uma mensagem do Universo dizendo-lhe que ela havia caído novamente na própria história. Era como se os patos estivessem refletindo seu diálogo interior: "Ai, ai! Pobre de mim! Quac, Quac, Quac!" Ela não conseguiu evitar o riso, e decidiu que iria usar a frase "quac, quac, quac" para resgatar a si mesma sempre que desse uma escorregadela fora da plenitude do seu eu e caísse de novo em sua história.

TORNE-SE O OBSERVADOR

Para transcender nossos dramas, precisamos nos comprometer a nunca mais usar nossas histórias para nos castigar. Precisamos querer parar de satisfazer nossos dramas, deixar de fortalecê-los com a nossa atenção. Se você já praticou a meditação, provavelmente notou que sua mente é uma corrente contínua de pensamentos. Mas, se estiver empenhado na meditação, você decide simplesmente observar seus pensamentos em vez de segui-los para onde quer que eles o levem. Com a prática, o que você descobre é que, em algum ponto, sua mente percebe que você não vai morder a isca e desiste. A mesma coisa acontece com as nossas histórias. Se não interpretarmos nossos dramas, podemos *escolher* simplesmente sair deles. A coisa mais importante que podemos fazer para nos livrar de nossos dramas é reconhecê-los como histórias em vez de rastejar para dentro deles, acreditando que eles são verdadeiros. Em vez de seguir cegamente as instruções da nossa Caixa de Sombras, podemos dizer: "Ora, muito obrigado por esse pensamento; mas neste momento estou me decidindo por um pensamento diferente." Vai chegar um momento em que as nossas histórias vão parar de se repetir, porque elas só conseguem existir quando acreditamos que nós *somos* elas. Nossas histórias se alimentam da atenção que damos a elas.

Se não houver diálogo entre nós e nossas histórias, elas deixarão de ter qualquer controle sobre nós. Nós simplesmente faremos a escolha de nos "desidentificar" com elas. Fazemos isso dizendo em alto e bom som: "Ora, aqui vamos nós outra vez. Eu estou na minha história." É como assistir à televisão. Podemos decidir ir embora, mesmo que a televisão continue zumbindo indefinidamente. A pergunta que queremos fazer a nós mesmos é: "Será que eu quero alimentar a minha história e lhe dar a minha vitalidade? Será que o meu desejo é fortalecê-la com a minha preciosa energia?" Se a resposta for sim, então, sem dúvida, precisamos sentar diante da nossa história e escutá-la. Mas precisamos fazer isso conscientemente.

Todos nós temos o direito de satisfazer nossas histórias esporadicamente. Podemos dizer a nós mesmos: "Hoje é terça-feira, duas horas da tarde, e eu não tenho nada melhor para fazer. Acho que vou me sentar por uns instantes e rememorar o meu drama pessoal." Então, pelo menos, podemos nos responsabilizar pelo que estamos criando.

ESTRATÉGIAS PARA SAIR DE NOSSAS HISTÓRIAS

Há infinitas escolhas à nossa disposição se quisermos transcender nossas histórias. Podemos fazer uma introspecção e dialogar com a nossa história; podemos deixar que a nossa escrita flua livremente e, assim, permitir que parte de nós se expresse. Podemos dizer: "Desculpe-me. Sei que você quer alguma coisa, mas hoje eu tenho mais o que fazer." Ou podemos resolver conversar com Deus. Existe um ditado que reza: "Quando você está pensando em Deus, não pensa nos seus próprios problemas." A vibração de nossas histórias e a vibração do nosso eu mais profundo são totalmente opostas. É impossível sentir as duas ao mesmo tempo.

É importante que identifiquemos algumas estratégias para sair de nossas histórias quando achamos que escorregamos novamente para dentro delas. Estas são algumas estratégias que podemos usar para desmontar nossas histórias e alcançar a vida que nos espera além das limitações dos nossos dramas pessoais.

Peça às pessoas que estiveram envolvidas nos seus traumas pessoais para que lhe dêem a versão delas da história. A aceitação de uma nova perspectiva nos deixa saber imediatamente que aquilo que identificamos como a nossa história é apenas uma versão da verdade. Enquanto eu estava escrevendo este livro, enviei por *e-mail* os primeiros capítulos para meu irmão mais velho, Mike, que é consultor jurídico, para que ele me desse a sua opinião. Na sua resposta, ele me mostrou que naquilo em que acredito existe uma distinção muito importante:

As histórias da nossa vida correspondem 90 por cento à percepção e 10 por cento aos fatos. Todas as pessoas que conhecemos vêem a mesma série de acontecimentos de modo diferente. No meu trabalho como consultor jurídico, eu ouço diariamente advogados que pegam o mesmo conjunto de fatos incontestáveis e moldam esses fatos em histórias que vão servir ao interesse de seus clientes. Há pouca ou nenhuma busca pela verdade; há apenas uma série de argumentos que serão percebidos de modo diferente por pessoas diferentes. Infelizmente, no terreno pessoal, muitos escolhem ver suas vidas de uma perspectiva menos favorável para si mesmos. Ao fazerem isso, tornam-se vítimas com alguém para culpar pela sua infelicidade, em vez de assumirem a responsabilidade pela porção do seu destino que é resultado de sua própria escolha.

Mais tarde nessa noite, Mike me telefonou novamente. "A propósito, Debbie", ele me disse, "preciso lhe dizer uma coisa. Essa história que você escreveu sobre a sua infância não é verdade." "O que você quer dizer com: 'não é verdade'?", perguntei. "Eu vivi isso!" "Não, Debbie", ele retrucou. "Eu queria você. Eu sempre quis você. Eu fiquei muito feliz por ter uma irmãzinha." Chocada, pedi a Mike para escrever a versão dele sobre a minha infância, e ele me escreveu o seguinte:

Eis a minha versão da infância de Debbie. Nascida numa típica família, Debbie era amada por todos os que a conheciam desde que era pequenina. Em todas as lembranças que tenho da infância de Debbie, ela sempre foi rodeada por amigos que gostavam de sua companhia. Mamãe cuidou da infância de Debbie com amor e atenção, levando-a para as aulas de dança, regência, natação, arte e interpretação, quase diariamente. Eu admirava a capacidade de Debbie para enfrentar cada dia com entusiasmo e energia. Ela nunca se sentia intimidada por ninguém e saía-se bem em tudo o que consigo me lembrar. Debbie era amadurecida para a sua idade e, aos onze anos, ela desfilava e saía com meninos mais velhos. Ela era um ímã. Todos queriam ser amigos de Debbie e estar onde ela estivesse. Nada estava fora do alcance de Debbie.

Fiquei abismada. Eu estava ouvindo a narração dos fatos de uma perspectiva que jamais ousara conceber. Embora eu use e compreenda a minha história, fiquei confusa ao ouvir a visão de Mike. Como se pode ver, pedir a amigos e parentes a perspectiva que eles têm de nossos dramas é um caminho eficaz para desmontar a perspectiva limitada que acreditamos corresponder à verdade.

A transformação é uma mudança na percepção. É tornar-se capaz de ver alguma coisa através de novos olhos. Nada funciona mais rapidamente para nos dar uma nova perspectiva do que ver a visão limitada da realidade que imaginávamos ser verdadeira através de um novo par de olhos. Precisamos compreender que a nossa visão — aquilo que podemos ver em determinado momento — é limitada pelas nossas interpretações. O momento em que atribuímos significados aos acontecimentos foi o momento em que limitamos a visão que temos da realidade. Ao pedir a outras pessoas para que nos façam conhecer a sua perspectiva, podemos reabrir as lentes através das quais nos vemos.

Reescreva a sua história como se você fosse um eterno otimista que somente conseguisse ver o lado mais leve do seu drama. Enfatize o lado bom da sua história tanto quanto as dádivas que lhe foram feitas. Como seria a sua vida se fosse vista através dos olhos de um anjo? O fundamental é que podemos assumir nossas experiências coletivas de vida como uma má lembrança da qual não conseguimos escapar, ou podemos reescrevê-las e, assim, elas fornecerão uma base valiosa a partir da qual poderemos construir um futuro pleno de realizações. Tanto podemos aprender as lições do passado e seguir adiante, como permanecer nele e não sair do lugar.

Aprenda a reconhecer claramente quando você volta à sua história. Para fazer isso, relacione dez pensamentos, sentimentos, hábitos e comportamentos que você adota quando está vivendo dentro da sua história. Depois, faça uma lista com dez pensamentos, sentimentos, hábitos e comportamentos que você adota quando está fora da sua história. O que você consegue quando está fora da sua história? Finalmente, relacione dez maneiras de tomar consciência e de voltar ao seu Eu superior assim que reconhecer que escorregou para dentro da sua história. Pedi a Helen, que fez parte de um dos meus programas de treinamento, para apresentar suas listas.

DENTRO DA MINHA HISTÓRIA...

Como demais.

Tomo cerveja.

Faço fofoca.

Eu me comparo com outras pessoas.

Nego a verdade dos outros e deixo que os ressentimentos cresçam.

Recuso sexo ao meu marido.

Envolvo outras pessoas na minha posição de vítima da vida.

Eu me critico e julgo por tudo o que faço.

Culpo os meus filhos pela minha falta de alegria.

Fico por aí, choramingando e me lamentando.

FORA DA MINHA HISTÓRIA...

Recuso-me a fazer fofoca.

Eu me relaciono com as pessoas em seus aspectos mais elevados.

Pratico yoga.

Falo livremente.

Expresso meus sentimentos e resolvo minhas pendências.

Sinto-me grata pelas bênçãos que recebo.

Bebo álcool muito raramente e apenas um copo de cada vez.

Sou enérgica e prestativa.

Estabeleço um tom de energia positiva para a minha casa e minha família.

Gosto de comer, mas não faço disso um modo de fugir dos meus sentimentos.

COISAS QUE POSSO FAZER PARA SAIR DA MINHA HISTÓRIA

Meditar — durante pelo menos quinze minutos.

Sair para uma rápida caminhada.

Cuidar do jardim. Embelezar o meu ambiente.

Brincar e rolar pelo chão com os meus filhos.

Ler um livro que me inspire.

Escrever no meu diário até ter algum entendimento mais profundo.

Telefonar para alguém cuja opinião sobre mim eu valorize.

Dedicar-me a alguém mais.

Praticar yoga.

Sentir gratidão pelas muitas bênçãos na minha vida.

Use o teste a seguir para servir como apoio para continuar fora da sua história. Você poderá dizer, pelo modo como se sente a seu respeito e com relação aos outros, pela clareza com que vê as coisas e pelo modo como está interpretando os acontecimentos da sua vida, se você está vivendo dentro ou fora do seu drama pessoal.

Determine se cada uma destas afirmações é verdadeira ou falsa:

Sinto que as minhas necessidades não estão sendo satisfeitas.

Não tenho tempo suficiente.

Estou tentando, mas simplesmente não consigo.

Outras pessoas são as causadoras dos meus problemas.

Eu me descubro pensando: "Se ao menos eu tivesse mais..."

Tenho tido o mesmo diálogo interior durante mais de duas semanas.

Acho que não tenho uma história.

Estou preso a mais de um comportamento que eu sei que me faz sentir mal em relação a mim mesmo.

Telefonei para várias pessoas nesta semana a fim de convidá-las a participar da minha festa de autocomiseração.

Se a sua resposta foi "verdadeira" para mais de quatro dessas afirmações, você está profundamente engajado na sua história. Não se mexa sem se comprometer a sair dela. É importante monitorar a si mesmo e tornar-se consciente do seu dia-a-dia. É um dia triste quando acordamos, de manhã, e percebemos que estivemos na nossa história durante as duas últimas semanas, os últimos dois meses ou dois anos. Ao nos perguntarmos diariamente: "Estou dentro ou fora?" — trazemos a luz da nossa consciência para aquilo que estava escondido na escuridão.

Se você for um daqueles intransigentes que acham difícil deixar que o seu eu limitado se vá, recomendo que fique diante de um espelho e repita a sua história do tipo "pobre de mim", palavra por palavra, até que se sinta tão mal que não consiga repeti-la nem mais uma vez. Você saberá que foi bem-sucedido neste exercício se ficar com o estômago enjoado. Entretanto, se ainda não estiver curado, aconselho que vá a um café e conte a sua história a cinco estranhos. Tudo o que tem a fazer é dirigir-se a pessoas que estejam sentadas sozinhas e dizer: "Tenho uma história muito boa. Quer ouvi-la?" Até que, finalmente, você vai encontrar alguém que fique feliz em querer agradá-lo. Então, embarque completamente na sua história triste e conte-a com detalhes. Conte àqueles que se dispuserem a ouvi-la por que e como as coisas deram errado para você. Mostre-lhes como um bom drama combina bem com um expresso e um pãozinho quente. Se você ainda estiver preso ao drama da sua história, volte ao café e peça a cinco estranhos que lhe contem suas histórias. A essa altura, ficará muito — mas muito mesmo — evidente que tudo aquilo de que estivemos falando aqui não passa de uma história, apenas uma história, nada mais do que uma história.

Se nenhum dos exercícios anteriores funcionou, você ainda pode tentar um velório à moda antiga. Faça de conta que você morreu e alguém a quem ama vai ao seu funeral e ali prestará homenagem à vida que você viveu dentro da sua história. Escreva as palavras que essa pessoa vai dizer no seu enterro. Depois de ler o que você escreveu, pergunte a si mesmo: "É assim que eu quero ser lembrado?" Pedi à minha amiga Colleen para escrever seu elogio fúnebre, que reproduzo a seguir:

Colleen era uma mulher brilhante com um grande potencial. Mesmo tendo um começo de vida difícil, ela se esforçou para seguir adiante, determinada a ser alguém. Por alguma razão desconhecida, ela sempre atraiu empregos ruins, trabalhou para as pessoas erradas e certamente nunca chegou a ganhar o que merecia. Sempre havia alguém para impedi-la de brilhar. Se ela ao menos tivesse tido uma brecha. Se ao menos tivesse tido outro tipo de pais ou uma educação melhor. Se ao menos seus talentos tivessem sido descobertos. Mas, em vez disso, Colleen ficou esperando pelo dia em que estaria pronta para deixar a sua marca no mundo. Mas, ao estarmos aqui presentes, podemos ver que Colleen nunca teve essa oportunidade. Vamos, todos juntos, rezar dizendo: "Pobre Colleen!" Descansem em paz, ela e sua história.

Depois de escrever o elogio fúnebre de sua história, mostre-o a alguns amigos, organizem um pequeno velório, com flores e velas, e deixe-a repousar em paz.

Você precisa querer sair de sua história em todos os momentos. Você precisa desejar sacrificar aquele eu que já conhece para ser aquele em quem você pode se tornar. Você precisa querer desistir da pequenez de sua história em troca da vastidão da sua verdadeira essência. A cada momento você tem essa oportunidade.

PASSOS PARA A CURA

1. Para saber quando você está dentro ou fora de sua história, faça uma lista dos seguintes itens:

Dez sentimentos que você tem quando está na sua história e dez quando não está nela.

Dez pensamentos que lhe ocorrem quando está na sua história e dez quando não está nela.

Dez comportamentos que assume quando está na sua história e dez quando não está nela.

Dez coisas que você pode fazer para sair da sua história quando você descobre que escorregou novamente para dentro dela.

2. Escreva uma carta para a sua história, louvando tudo o que ela lhe ensinou e informando que o seu relacionamento com ela vai mudar, já que você decidiu viver fora de suas limitações.

3. Crie um ritual para se despedir da sua história da maneira como a conheceu. Renuncie a ela como forma de punir-se e conservar-se insignificante, e agradeça-lhe por ter sido um recurso para realizar o seu objetivo na vida.

Reflexão

"*Fora da minha história,*
sou uma surpreendente contribuição
para o mundo."

Capítulo 10

O SEGREDO DA SOMBRA

Escondido nas sombras de nossas histórias está um grande segredo. Esse segredo guarda a chave para libertar nossa grandeza. Nosso segredo é o detentor da alegria em abundância, de possibilidades ilimitadas e de bem-aventurança Divina. Imagine que você é o guardião das jóias mais raras e valiosas da terra. Como guardião delas, você faria qualquer coisa para protegê-las. Como seres humanos, nós fazemos a mesma coisa. No fundo, sabemos que somos Divinos, que somos Sagrados.

Nossa grandeza, nossa magnificência e nossa luz são tão valiosas que empilhamos camada sobre camada para proteger aquilo que devemos guardar. Como não nos sentimos seguros para expor essa parte do nosso ser, continuamente criamos dramas e caos para esconder o que sabemos que deve ser protegido. O nosso drama, o sofrimento, a nossa insatisfação, todos escondem o segredo da nossa luz. Quando, finalmente, ficarmos saturados de nossas histórias, quando elas não nos servirem mais de consolo, estaremos prontos para descobrir o dom precioso que repousa dentro de nós. Quando sentirmos que temos valor e que somos dignos de confiança para tomar conta da nossa luz, vamos nos sentir livres para libertar o maior de todos os poderes: o poder da nossa verdadeira natureza.

A EXPERIÊNCIA HUMANA

Eu e você somos exploradores, e o terreno que estamos percorrendo é a nossa própria experiência humana. Se tivéssemos escolhido ter a experiência Divina, uma experiência Sagrada, ou uma outra experiência espiritual, não existiríamos na forma humana. Mas não é este o caso. Escolhemos a experiência humana, e esta jornada exige aprendizado, crescimento, para que a nossa verdadeira natureza tenha sentido. A experiência humana nos pede para percorrer o caminho através do drama de nossas histórias de vida, através de todas as identidades falsas que acreditamos ter. Exige de nós navegar pelo reino das emoções para entender profundamente o mecanismo do significado de ser humano.

Deixar que nossos segredos aflorem faz com que nos tornemos íntimos do nosso eu mais Sagrado, da nossa essência espiritual. Desvendar nossos segredos une a nossa humanidade à nossa Divindade. Ao percorrer o caminho das nossas histórias, ao entender a nossa humanidade em toda a sua profundidade, somos abençoados com a coragem de nos mover além de nossas *personas*, de desistir de nossas ações, de sair de nossas histórias, ficando nus diante do nosso verdadeiro eu. Só então nos sentiremos suficientemente seguros para nos erguer em toda a nossa glória e declarar: "Este é quem eu sou."

Para deixar que nossos segredos reinem, precisamos assumir a postura do guerreiro na exploração da nossa vida. Precisamos cavar, explorar e compreender o terreno da nossa própria humanidade, porque, somente quando nos conhecermos e compreendermos verdadeiramente, somente quando fizermos a viagem pelo caminho que nos leva ao nosso passado, é que poderemos levantar os braços para o alto, com o prazer e o entusiasmo de uma criança, e declarar: "Sou santo! Sou Divino! Mereço tudo o que o Universo tem a oferecer." Somente quando tivermos feito esse trabalho interior vital é que nos sentiremos suficientemente seguros para exibir nossos segredos a fim de que todos os vejam.

Muitas vezes, revelar nossos segredos nos faz sentir vulneráveis e expostos, porque não sabemos mais quem somos. Pode ser terrível abandonar o nosso falso eu, a fachada que cobria a nossa verdade mais profunda, e expor a essência do nosso ser. Quando éramos crianças e exibíamos nossa generosidade, muitas vezes éramos humilhados, ignorados ou criticados e, assim, já adultos aprendemos a esconder o lugar dentro de nós em que nos sentimos mais vulneráveis.

Mas, assim que exibirmos os nossos segredos, veremos que nossos dramas e desculpas não conseguem mais nos proteger. Nossos intelectos já não podem nos servir. O único caminho que podemos tomar é o de nos render à ligação entre nós e o que é Divino. Até nos sentirmos dignos, até que tenhamos examinado minuciosamente nossas histórias para aprender as lições que elas têm para dar, até que tenhamos perdoado a nós mesmos e aos outros, e até que tenhamos chegado a um acordo com a nossa batalha humana, não deixaremos jamais de estabelecer algum tipo de bloqueio que nos impede de viver a nossa Divindade.

Ao realizar as tarefas deste livro, você se preparou para a extraordinária aventura de viver a sua vida mais Divina. Agora você está pronto para saltar fora da sua história e convidar o seu segredo, a sua luz sagrada para deixar o esconderijo. O processo pelo qual passou para aceitar e integrar a sua história criou a base para você viver uma vida fora das limitações do seu drama pessoal. Se tiver feito o trabalho indicado neste livro, você terá identificado a sua história e chegado ao conhecimento profundo de que tem uma história, mas você não é a sua história. Você chegou à descoberta de que, escondida na sua história, há uma receita exclusiva, e que, ao aceitar e integrar todos os aspectos que dizem respeito a você mesmo e à sua vida, você encontrará o seu verdadeiro objetivo. Quando tiver entendido que tudo o que lhe aconteceu garantiu-lhe a possibilidade de adquirir a sabedoria que precisa para entregar a sua dádiva única para o mundo, você conseguirá curar as mágoas e os traumas do passado. Você poderá, então, começar o processo de fazer as pazes com a sua história, examinando de que forma você se violentou, e aos outros, e assumindo o compromisso de equilibrar os pratos da sua balança cármica interior.

Ao limpar o seu passado, você se torna capaz de experimentar a sacralidade do perdão, que abre as portas para novos patamares de autoestima e merecimento. Você não vai mais sentir a necessidade de esconder a sua luz com receio de que alguém a tire de você. Alicerçado no sentimento do seu próprio valor, agora você está livre para usar toda a sabedoria que extraiu da sua história para levar seus talentos especiais para o mundo. Tendo descoberto a sua especialidade exclusiva e tendo visto o quanto você é valioso, considere-se pronto para revelar o segredo que permanece escondido no lado sombrio da sua história. Você está pronto para conhecer a verdade profunda de quem você é. Com o seu presente nas mãos, você pode agradecer à sua história e apreciar tudo o que ela lhe ensinou, sabendo que foi ela o catalisador que o abriu para um entendimento mais amplo do que significa ser você mesmo. Depois de ter realizado o trabalho, você se sente valorizado e pronto para baixar a guarda, para deixar que as suas defesas e a sua *persona* partam e para permitir que o seu segredo seja revelado.

REVELE O SEU SEGREDO

Revelar nossos segredos nos faz sentir vulneráveis, porque eles estiveram escondidos durante muito tempo. Mas somente quando quisermos estar na nossa condição de vulnerabilidade é que seremos abençoados com a dádiva da nossa própria luz.

Sydney sentou-se no chão do meu escritório, chorando. Entremeando soluços com a narrativa, ela recordou, um após o outro, os incidentes de sua infância que a fizeram sentir-se uma pessoa incapaz de inspirar amor, uma pessoa insignificante, desiludida e deixada de lado. Houve uma vez em que sua mãe se esqueceu de buscá-la no acampamento de férias e ela foi a última criança a ficar lá depois que todos os supervisores tinham ido embora. Em outra ocasião, ela ficou completamente sozinha no dia do seu aniversário. Quando fez parte do elenco de uma peça da escola, ninguém de sua casa apareceu no dia da apresentação e ela não ouviu de ninguém como estava engraçadinha na sua fantasia de bruxa combinando com as sapatilhas pretas de balé. Como era a caçula da família, Sydney sempre teve a impressão de que ninguém se importava com suas opiniões e lutava para chamar a atenção de seus pais, que a desapontaram tantas vezes que ela perdeu a conta. "Qual foi o significado que você deu ao comportamento deles em relação a você?", perguntei a Sydney. Chorando novamente, Sydney me respondeu: "Que eles não se importam comigo. Que eu não significo nada para eles. Que eu sou um zero à esquerda. *Que eu não tenho a menor importância.*" Essa era a história de Sydney.

Embora Sydney agora seja uma mulher adulta, com uma bem-sucedida carreira de produtora de filmes, internamente ela ainda é assombrada pelos sentimentos de uma criança de cinco anos que a relembra o tempo todo que ela não tem a menor importância. Apesar do seu sucesso e de suas realizações, ela ainda tem fome de reconhecimento. Em sua carreira e na sua vida pessoal, ela luta para se doar e tomar conta, esperando ser suficientemente importante para as pessoas ao seu redor para merecer a sua atenção. Ela é atenciosa e compreensiva, tenta ser uma boa ouvinte e é generosa com o seu tempo e com seu dinheiro. Entretanto, longe da imagem que ela projeta para o mundo exterior, quando Sydney se deita à noite na cama, ela ainda sente como se a sua vida não tivesse a menor importância.

Quando perguntei a Sydney qual era a dádiva de não ter a menor importância, ela, num primeiro momento, olhou para mim como se eu estivesse louca. "Não há nenhuma dádiva no fato de eu me sentir sem a menor importância", ela respondeu. "O que o sentimento de não ter a menor importância levou você a fazer ou a se tornar?" — perguntei-lhe. De repente, Sydney começou a perceber como toda a sua história e todas as conquistas de sua vida tinham sido guiadas pela convicção sombria de que ela não tinha a menor importância. Tinha sido essa crença que dera a Sydney a sua especialidade exclusiva — mostrar aos outros que eles tinham importância — e que a tinham levado a criar coisas extraordinárias. Sydney sempre luta para fazer filmes que ela acha que realmente têm importância para o seu público. Ela sabe como reunir as pessoas e fazê-las se sentirem importantes, inspirando-as assim a fazer o melhor trabalho possível. Como a vida a ensinou antes de tudo o que é se sentir sem importância, ela agora sabe o que realmente importa. Sydney percebeu que todos aqueles incidentes dolorosos da infância lhe garantiram um mestrado em não ter a menor importância — que é exatamente o que a faz ser especial em seu trabalho. Assim que Sydney trabalhou a dor que cercava essa convicção sombria de que não tinha a menor importância para os outros, ela pôde reconhecer sua especialidade exclusiva e a sua contribuição para o mundo.

Sydney pôde perceber como tinha estado profundamente comprometida com a própria história e como a tinha usado durante toda a vida para privar-se da alegria de suas conquistas. Mas, tendo descoberto sua especialidade exclusiva, Sydney sentiu-se merecedora de sua alegria e de seus talentos. Sugeri, então, que sua história era apenas um disfarce para o tesouro inestimável que ela detinha. Pedi a Sydney que fechasse os olhos e lhe perguntei: "Qual é o segredo que a sua história estava escondendo?" Ficamos sentadas por alguns minutos, e então vi um grande sorriso abrir-se em seu rosto, e ela sussurrou: "Eu faço uma grande diferença no mundo; eu realmente tenho importância." Com clareza e força, Sydney reconheceu que suas palavras eram verdadeiras — que o trabalho que estava fazendo estava modificando vidas. Depois de revelar o seu segredo, ela sabia que não conseguiria mais viver dentro da mentira da sua história. Na presença de sua dádiva preciosa, Sydney olhou a sua história do tipo "não tenho a menor importância" desintegrar-se diante de seus olhos. Pela primeira vez em sua vida e em sua carreira, Sydney pôde sentir a alegria transbordante que advinha do fato de saber que sua contribuição fazia diferença e exercia uma grande influência no mundo.

Revelar seu segredo infla a sua história toda. Você pode sentir que desvendar o seu segredo e entregar suas dádivas ao mundo é uma responsabilidade. Mas isso já é uma outra história. Expressar a própria luz não é uma responsabilidade; é uma honra sagrada. Não custa nada mais do que ser quem você realmente é, o seu eu verdadeiro. Não exige esforço, nem trabalho, nem luta. Você só precisa se deixar ver — sem a sua história. Se nunca tiver deixado a sua luz brilhar anteriormente, isso pode parecer assustador, porque, como seres humanos, gostamos de guardar o que sabemos. Estar diante da nossa liberdade e da nossa capacidade de expansão pode ser assustador, e muitos poderão dizer inconscientemente: "Devolva-me a minha história para que eu possa novamente saber quem eu sou."

ENTRE NA TEMPESTADE

Precisamos aceitar a nossa vulnerabilidade para podermos deixar que nossos segredos venham à tona. Precisamos dar passos de bebê e aprender a confiar. Precisamos aprender como nos render, não ao que nós desejamos, mas ao que o Universo está nos mostrando. Precisamos confiar que, se sairmos para águas desconhecidas, seremos levados até a praia. Imagine o que seria como ficar numa praia, sentindo a tempestade se aproximar, olhando a imensa e cinzenta massa de nuvens movendo-se na sua direção, rajadas de vento soprando e ondas gigantescas quebrando na areia. Excitado, você imagina como seria emocionante velejar na tormenta, sentindo a força da natureza e o mistério do desconhecido. Um minuto depois, porém, você se sente assustado e seus pensamentos voltam-se para a escolha segura e previsível de encontrar um lugar abrigado enquanto a tempestade estiver rugindo lá fora. Mas, se você soubesse que, navegando na tormenta munido de todo o equipamento necessário, você chegaria em segurança do outro lado da chuva e dos ventos, a uma ilha repleta de grandes tesouros e jóias faiscantes, você faria essa viagem? Confiaria naqueles que já seguiram essa rota antes para lhe dar o apoio e a orientação necessários para você encontrar o seu pote de ouro? Peço-lhe que imagine esse cenário porque expor a mentira da sua história e revelar o segredo do seu lado sombrio pode parecer tão escuro e assustador como navegar em meio à turbulência de uma tempestade.

Foi assim que se sentiu Laura, uma mulher de quarenta e seis anos que vem passando por um mau casamento cheio de sofrimentos, maus-tratos e isolamento emocional por mais de quinze anos. Todos os que conhecem Laura estão familiarizados com a sua história: que esse casamento está matando o seu espírito e que o seu marido não lhe dá o amor e a atenção que ela merece. Laura descobriu a convicção sombria que mantém sua história coesa e que ecoa as palavras que seu pai lhe disse quando ela não tinha mais do que doze anos de idade: *"Você nunca será nada sem um homem."* Laura tem vivido essa história por mais de quinze anos, como se fosse a personagem de uma peça teatral. Quando lhe perguntei qual era o segredo que essa história guardava, ela me disse com um sorriso: "Que eu sou uma mulher independente, cheia de poder, que seria mais feliz vivendo sozinha." Por um momento, Laura elevou-se em toda a sua estatura e força, e um brilho poderoso irradiou-se de seus olhos. Mas, depois de alguns minutos, ela começou a minimizar o poder das palavras que acabara de pronunciar e voltou à sua história, tão familiar. Afinal, Laura estava com tanto medo de deixar que o drama que ela conhecia tão bem fosse embora que optou por manter seu segredo escondido atrás do véu da sua história.

Como acontece muitas vezes, nós sabotamos os nossos sonhos na tentativa de nos ajustar dentro dos limites de nossas histórias. Essa é uma escolha que cabe a cada um de nós fazer. Precisamos perguntar a nós mesmos: "Estou disposto a passar por algum desconforto para sentir a grandeza da minha luz, ou prefiro continuar na comodidade do que já conheço?" Somos os únicos que podemos dizer a nós mesmos que é seguro estar no mundo sem o conforto de nossas histórias. Somente nós podemos tornar segura a revelação de nossas dádivas preciosas.

A DESCOBERTA DA VERDADEIRA ESSÊNCIA

Nossas histórias são a marca da nossa existência. Elas são as únicas marcas que deixamos neste mundo. Quando conheci Matt, ele tinha trinta e dois anos, estava freqüentando seu vigésimo sétimo seminário de auto-ajuda, sofria de baixa auto-estima e de sentimentos de desmerecimento. Com pouco mais de um metro e oitenta de altura, usava o cabelo loiro comprido e caído sobre o rosto. Meu primeiro pensamento em relação a Matt foi: *"O que ele está escondendo?"* Ergui a minha mão, afastei o cabelo do seu rosto e lhe perguntei o que eu poderia fazer por ele. Imediatamente ele começou a me contar o seu passado. Ele crescera sem pai, numa cidade pequena, e sempre se sentira inferiorizado porque não tinha uma família "de verdade". Como nunca tinha muito dinheiro, aprendeu cedo a sobreviver sem ele. Quando Matt estava com sete anos, sua mãe começou um relacionamento que desviou parte da atenção que ela lhe dedicava. Foi então, disse-me Matt, que seus problemas realmente começaram. Matt prosseguiu seu relato por mais uma hora, contando-me como havia tido problemas com a polícia e, aos catorze anos, já estava morando nas ruas, vivendo de expedientes. Quando finalmente se viu diante de uma hepatite que quase o matou, Matt decidiu-se a mudar de vida. Começou a trabalhar e a economizar, comprometido em dar um sentido à sua vida.

Quando estava na casa dos vinte anos, Matt entrou no ramo imobiliário, trabalhando finalmente tão bem que pôde comprar algumas casinhas, reformá-las e vendê-las com lucro. Aos vinte e cinco anos ele já era dono de cerca de cem propriedades e, aos vinte e oito, já era alguém no mundo dos negócios. Com um milhão de dólares no banco, começou a fazer projetos maiores, e quando completou trinta e dois, ele tinha atingido todas as suas metas financeiras. Mas ainda sofria. A ilusão de que o dinheiro e as propriedades lhe traiam a felicidade se desfizera, e agora ele estava sentado diante de mim imaginando o que faria em seguida. Apesar do sucesso, ele ainda se descobria sabotando a si mesmo, freqüentando lugares em que não tinha o menor prazer de estar, e continuava a sentir-se incapaz de se satisfazer em suas relações pessoais. Embora tivesse tido êxito no mundo material, interiormente Matt ainda sentia que havia algo errado com ele. Matt estava perdido, imaginando para onde deveria ir e o que fazer para encontrar a paz que estava procurando.

Quando Matt acabou de me contar sua história, eu peguei sua mão, olhei bem dentro dos seus olhos e lhe disse que a primeira coisa que ele deveria fazer era cortar o cabelo. Era evidente que ele não queria que ninguém realmente conseguisse vê-lo. O cabelo o ajudava a esconder o segredo que repousava debaixo da história de que havia alguma coisa errada com ele. Perguntei a Matt quando ele iria parar de assistir cursos e começaria a dá-los. Matt levantou a cabeça, franziu as sobrancelhas e olhou para mim como se eu estivesse maluca. Esse foi o fim do nosso primeiro encontro.

Nos dois anos seguintes, eu e Matt tivemos sessões intermitentes. Eu estava surpresa com o brilho, a sensibilidade e a intuição de Matt. Ele parecia ter um amor sem limites por toda a humanidade, com exceção de si mesmo. Matt constantemente se torturava com seu barulhento diálogo interior, que berrava: "Você não é bom; você é imperfeito e a sua vida não faz a menor diferença para o mundo." Matt começava a maior parte das nossas sessões contando-me sobre as coisas terríveis que ele era capaz de fazer. Ele me falou que o fato de ter morado nas ruas tão jovem ainda o fazia sentir-se impuro. Ele tinha visto e feito muitas coisas que o faziam ver-se como inconsistente, cheio de defeitos e sem valor. O pensamento de Matt estava sempre dirigido para o que ele não tinha feito por si mesmo em vez daquilo que ele realmente tinha feito. Pouco a pouco, consegui ajudar Matt a desfazer, camada por camada, todas as histórias que encobriam a sua verdadeira essência.

Era óbvio para mim que Matt era um homem profundamente espiritual, com uma grande contribuição a dar ao mundo. Quando achei que ele finalmente estava pronto para perceber isso, perguntei a ele: "Qual é o segredo que a sua história encobre?" Matt olhou-me confuso. "Eu nem conseguiria começar a me conhecer sem a minha história" — ele me respondeu. Percebi que Matt estava com medo de ir mais fundo. Então, contei-lhe o segredo que a história da minha infância encobria. Contei-lhe que, quando eu era jovem e estava trabalhando no ramo de vestuário, eu saía com uma turma da pesada cujo mantra era "Sexo, drogas e *rock 'n' roll*". Eu queria que as pessoas pensassem que eu era durona e que estava por dentro de tudo. Tudo o que eu mostrava no mundo exterior era o meu desejo por dinheiro e posição. Passei anos tentando esconder a minha sensibilidade e o meu anseio por algo mais. Ser assim simplesmente não parecia uma boa coisa. Quando finalmente esgotei essa história, percebi que encontraria paz na vida espiritual. Conforme eu amadurecia, eu ia descobrindo o meu desejo profundo de conhecer Deus. No começo, fiquei embaraçada e envergonhada, porque ser uma mulher voltada para Deus certamente não correspondia à minha imagem. Eu não queria que as pessoas soubessem que eu rezava de joelhos e que desejava ser um instrumento Divino. Contei a Matt que a história da minha vida escondia o segredo de quem eu era realmente. Ela encobria a verdade: que eu sou uma mulher voltada para Deus e que gosto disso.

Pude perceber pelo olhar de Matt que ele tinha compreendido o que eu estava pedindo dele. Disse-lhe para respirar fundo e fechar os olhos, e repeti a pergunta que tinha feito anteriormente: "Qual é o segredo que a sua história esconde?" Com os olhos ainda fechados, Matt deixou escapar: "O segredo que a minha história esconde é que eu sou uma pura e inocente expressão do espírito." Ele abriu então os olhos e ambos ficamos em silêncio por um bom tempo, surpresos com o que acabara de ser revelado. Pude ver pela luz que seus olhos irradiavam que ele acabara de entrar em contato com a sua verdade Divina. Com as lágrimas escorrendo pelo rosto, Matt contou-me como, dentro da sua história, ele sempre tinha se visto como uma pessoa vil, fraca e estragada — exatamente o oposto do que ele acabara de dizer a seu próprio respeito. Na presença de sua pureza, Matt foi capaz de perceber que ele podia colaborar com a sua especialidade e retribuir ao mundo ensinando o que aprendera. Até esse momento, Matt sempre depreciara a própria sabedoria e conhecimento, preferindo ser um seguidor e não um líder. Mas, na presença de sua luz, Matt conseguiu perceber a sua especialidade: ensinar a meninos adolescentes, que estavam perdidos e sozinhos, como encaminhar suas dádivas especiais para o mundo. Matt havia descoberto algo muito real e muito sagrado. Ele tinha revelado o segredo escondido no lado sombrio de sua história.

Só nós podemos tornar segura a revelação do nosso segredo. Ninguém pode nos proteger do mundo exterior exceto nós mesmos. Ninguém pode prometer que não seremos ridicularizados ou que não iremos fracassar. Provavelmente, erraremos, e podemos ter a certeza de que haverá muitas pessoas que irão apontar o dedo em riste para nós e despejar sua maldade sobre nós. Mas que outra escolha temos realmente? Queremos permanecer na pequenez de nossas histórias? Ou desejamos os talentos autênticos que possuímos para ter uma oportunidade de brilhar?

Durante anos eu tive muito medo de me levantar e de reclamar minha parte, para falar em público e para dividir com os outros aquilo que eu sei. Meu ego era tão delicado que eu temia a desaprovação dos amigos e o julgamento dos meus detratores. Mas um dia, enquanto eu estava meditando, pedi a Deus que me desse coragem para vencer o meu medo pessoal e para me deixar entrar num lugar onde pudesse ser útil para o mundo. Naquela noite, deitada na cama, comecei a pensar nos líderes espirituais que tinham feito parte da minha vida e do meu crescimento espiritual. Martin Luther King Jr. foi o primeiro que me ocorreu. Pensei tanto nas pessoas que o amaram e respeitaram quanto naquelas que o odiaram e desprezaram. Mas o que teria acontecido se ele tivesse conservado escondida a sua luz? Se ele tivesse escondido seu talento ao mundo? Então pensei em Gandhi. Ele também teve muitos admiradores e muitos detratores. Fiquei imaginando o que seria do nosso mundo sem a presença desses homens. De repente, percebi que todos aqueles que falam ao mundo e que marcam a sua presença atraem tanto as pessoas que os amam quanto aquelas que os odeiam. E mesmo sabendo que não era um Martin Luther King ou um Gandhi, a coragem deles me mostrou que, se eu alguma vez fosse dar a minha contribuição para mudar o mundo, precisaria estar disposta tanto a ser amada quanto a ser odiada. E teria de ser capaz de suportar tanto as críticas quanto os elogios.

Durante semanas várias vezes me surpreendi pensando sobre o paradoxo de tudo isso. Eu tentara freneticamente me excluir do rol das pessoas que devotaram suas vidas a ajudar e a curar. Tentei dizer a mim mesma que eu era uma pessoa diferente, sensível demais, e que portanto nunca seria capaz de lidar com esse tipo de ambigüidade. Quis acreditar, desesperadamente, que partilhar a minha dádiva não era o meu verdadeiro objetivo.

Você também, provavelmente, contou a si mesmo histórias sobre por que é melhor conservar o seu segredo escondido do que expô-lo à zombaria do mundo. Talvez você tenha dito a si mesmo que não conseguiria receber todo o amor e admiração que poderiam ser canalizados na sua direção se você resolvesse ser realmente grandioso. Mas isso é uma mentira — é apenas mais uma história. Nenhum de nós realmente tem medo da possibilidade de ser amado e elogiado se deixarmos que a nossa luz brilhe. Mesmo que o nosso brilho possa nos deixar pouco à vontade, e mesmo que possamos não nos sentir merecedores de tanta atenção, no fundo de nós mesmos sabemos que esse é um direito inato — a nossa autêntica expressão. Nosso medo real refere-se à desaprovação por parte das outras pessoas, que elas nos julguem duramente ou que não nos amem mais.

ACEITE A SUA GRANDEZA

A fim de nos sentirmos suficientemente seguros para revelar nossos talentos, precisamos desistir de nos censurar e de julgar os outros. Temos de nos resolver a ficar nus, sem as nossas histórias, sem o nosso passado, sem nossas críticas e desculpas. Só então conheceremos a nossa essência verdadeira e sentiremos a profunda paz de estarmos alinhados com o nosso Eu superior. Só então poderemos relaxar, baixar a guarda e nos aquecer na glória da nossa própria grandeza.

Este é o momento de crescermos e de desejarmos ter pessoas que não sejam como nós. É a hora de aceitarmos a realidade de que a aprovação dos outros não nos dará a segurança ou a aceitação pela qual ansiamos. Somente a dádiva contida em nós e o reconhecimento do propósito Divino podem nos dar a satisfação profunda de que somos suficientemente capazes, de que podemos ser amados e de que somos dignos e bons. Enquanto precisarmos da aprovação dos outros, teremos de nos depreciar e de nos tornar insignificantes. Quando éramos pequenos, vislumbrávamos o quanto somos especiais. Então transformamos isso em uma coisa ruim. Pensamos que as pessoas teriam raiva de nós se resolvêssemos ser tão grandes e especiais quanto somos. A verdadeira questão é: Podemos perdoar a nós mesmos por sermos especiais, pelos nossos talentos e pela nossa exclusividade? E: podemos nos perdoar por reprimir nossos talentos?

O mundo precisa de você. Você já percebeu que precisam de você? Já percebeu que podemos realmente fazer uso da sua ajuda? Eu estou falando com você, com a sua parte que deseja contribuir para que o mundo seja diferente. Este é o momento para deixar que o seu segredo seja revelado, para preparar a sua receita, assar o seu bolo e vir a público. Junte-se à festa. Esta é a sua oportunidade. Você pode fazê-lo no ano que vem ou daqui a dez anos, mas eu não acho que seja acidental o fato de você estar lendo este livro agora. Nós precisamos que você faça a sua parte. Precisamos que desista de suas desculpas e que faça a sua parte neste processo e no mundo.

Agora eu peço a você que me diga qual é o segredo que a sua história esconde. Será que você é Divino? Que é grandioso? Que seu valor é imensurável? Que você é puro amor? Que a sua vida é fácil? Qual é o segredo que você tem escondido de si mesmo durante todos estes anos?

Este é o momento de deixar que o seu segredo venha à tona. É seguro fazê-lo agora. Talvez não o fosse antes, mas agora você pode cuidar dele.

Ninguém pode tirá-lo de você. Ninguém pode feri-lo. É hora de recompensar a si mesmo por todo o trabalho que já realizou. Somente você pode dar permissão a si mesmo para honrar e possuir esse segredo. Ponha a mão sobre o seu coração e diga a si mesmo que agora é seguro revelar o seu segredo. Prometa a si mesmo que vai tomar conta dele e conservá-lo no mais elevado patamar de respeito. Prometa a si mesmo que você vai honrá-lo e respeitá-lo, e que vai lidar com qualquer coisa que surja entre você e a preciosa dádiva que possui. Sinta o que ele quer para aceitar agora o seu segredo, para tirá-lo do esconderijo depois de tantos anos. Este é um momento em que você precisa ser muito carinhoso consigo mesmo, porque está exibindo o que de mais precioso você possui. Este é um momento sagrado, quando você revela, talvez pela primeira vez, o seu segredo, quando permite que ele seja revelado para o mundo. O momento é agora.

Assim, eu quero que você saiba que eu conheço o seu segredo. Eu sei quem você é. Sei quais os talentos que você carrega e qual a influência que pode exercer no mundo. Você não tem mais saída, porque mesmo que eu não o conheça, eu sei que você carrega uma dádiva preciosa. E sei que ela é uma peça muito especial do Divino quebra-cabeça da vida — aquela que ninguém além de você no mundo pode entregar. Do mais fundo do meu coração, peço que saia da sua história, deixe que o seu segredo seja contado e dê o seu precioso presente para o mundo neste exato instante.

PASSOS PARA A CURA

1. Reserve algum tempo, sem interrupções, para fazer as visualizações que estão descritas a seguir. Antes de começar, talvez você queira dar uma volta ou mergulhar num banho morno para relaxar. Se quiser, deixe uma música suave ao fundo e acenda uma vela para criar um ambiente de paz. Então, feche os olhos e comece por deixar que a sua mente repouse na sua respiração. Respire várias vezes, longa e profundamente, segurando o ar inspirado durante cinco segundos ou mais, e depois solte-o lentamente. Faça isso umas quatro ou cinco vezes, até que sua mente se acalme e se acomode.

Invoque uma imagem de si mesmo quando criancinha e imagine que você está se sentindo feliz, em segurança e muito bem cuidado. Veja a si mesmo expressando-se sem barreiras e sentindo-se completamente à vontade com a sua maneira de ser. Passe alguns minutos respirando compassadamente dentro dessa imagem, e então faça a si mesmo as seguintes perguntas, anotando as respostas no seu diário.

Quando você escondeu o seu segredo?

O que você teme que aconteça se deixar que a sua luz brilhe em toda a sua intensidade?

De que forma seus parentes, o lugar onde trabalha e outros aspectos da sua vida vão se beneficiar pelo fato de você reivindicar a sua verdadeira grandeza?

2. Escreva uma nova história sobre a sua vida. O tema proposto é que a sua luz brilha e o Universo dança em perfeita harmonia com você. Permita a si mesmo perceber como a sua Divina essência fortalece e inspira todos aqueles cujas vidas são tocadas por você. Com o que sua vida se assemelharia, quais os sentimentos que ela despertaria e como seria ela se você deixasse o seu segredo vir à tona? Como soaria o seu diálogo interior e que mensagens você estaria enviando a si mesmo?

3. Crie uma afirmação forte, que você possa repetir diariamente a si mesmo, uma frase que lhe dê sustentação para viver a grandiosidade da sua vida.

4. Identifique cinco práticas diárias que vão servir como apoio para que você deixe a sua luz brilhar.

Reflexão

"Eu me aqueço na glória do meu eu mais grandioso."

Agradecimentos

A Liz Perle, minha querida amiga e editora. Obrigada por acreditar em mim e no meu trabalho. Sempre me sinto inspirada pela clareza da sua visão e pela genialidade de suas palavras.

A Arielle Ford, minha irmã, que fez os meus sonhos mais temerários tornarem-se realidade. Você é a minha heroína. Eu a amo e respeito.

A Brian Hilliard e Dharma Dreams, meu maravilhoso cunhado e agente. Obrigada por me fazerem sentir que estou sendo cuidada e por serem pessoas tão inspiradas.

A Danielle Dorman, minha queridíssima amiga. Muito obrigada pela sua enorme capacidade como editora. Você deu uma grande contribuição para este livro. Eu a amo e admiro.

A Katherine Kellmeyer do Grupo Ford, por ser a melhor publicitária que alguém poderia desejar. Obrigada por todos os anos de orientação, apoio e dedicação.

À minha mãe, Sheila. Obrigada por ser uma mãezona e uma grande avó, por nos amar tanto e por me apoiar para que eu pudesse transformar os meus sonhos em realidade.

Ao meu irmão Mike Ford, por se preocupar tanto com o meu trabalho. Sua sabedoria e generosidade sempre me inspiraram.

Ao meu filho Beau, por me lembrar sempre de como a vida é preciosa.

À minha tia Pearl — você me inspira todos os dias com o seu gosto pela vida e amor pela nossa família. Fico profundamente grata pelo tempo que passamos juntas.

A Geeta Singh e ao Talent Exchange. Nunca me senti tão bem apoiada quanto por vocês. Obrigada por serem tão perfeitos.

A Cheryl Richardson, por seu coração extraordinariamente generoso e por seu amor, orientação e amizade.

A Oprah Winfrey, por ter a coragem de espalhar a cura espiritual pelo mundo. Obrigada pelas magníficas oportunidades que deu a mim e ao meu trabalho.

A Katy Davis, por todo o apoio, brilho e profundidade de visão.

A Jack Mori, por ser um produtor extraordinário e por ter a coragem de levar adiante um assunto difícil e torná-lo acessível ao mundo.

A Cindy Goldberg e Stacy Strazis, por todo o grande trabalho que fizeram comigo nos programas *Oprah!*. O grande coração de vocês e o amor que transmitiram ajudaram toda a cura que ocorreu ali. Muito obrigada.

A Sid Ayers, por ter me possibilitado pôr em foco o que escrevo e o trabalho que faço. Saiba que você faz a diferença.

A Alisha Schwartz. Ninguém jamais tomou conta de mim como você. Muito obrigada por me apoiar e por gostar tanto de Beau.

A Steve Hanselman, a Margery Buchanan, a Eric Brandt e a todo o pessoal da HarperCollins. Trabalhar com vocês só me dá alegria e prazer. Cada um de vocês tem uma contribuição exclusiva para dar. Editores maravilhosos que são, eu os amo muito.

A Calla Devlin, meu assessor de imprensa na HarperCollins. Amo a sua luz e o seu entusiasmo. É um sonho trabalhar com você.

A Lisa Zuniga, pelo seu comprometimento para fazer deste um grande livro. Foi uma honra trabalhar com você.

A Carl Walesa, por seu maravilhoso trabalho de edição do texto. Obrigada.

A Stephen Samuels, por ir adiante e ser suficientemente grande para difundir este trabalho pelo mundo. Você está fazendo um trabalho maravilhoso e modificando a vida de milhares de pessoas.

Aos queridos participantes dos meus programas de treinamento. Nunca estive com um grupo tão comprometido e extraordinário. Cada um de vocês faz uma enorme diferença na minha vida e no meu trabalho.

A Cliff Edwards, pela sua contribuição tão expressiva para a vida de tantas pessoas. Obrigada por assumir tão profundamente o compromisso de curar-se e de curar o mundo.

A Justin Hilton. Como sou privilegiada por tê-lo como amigo querido e companheiro espiritual! Você é um homem extraordinário.

A Patrick Dorman. Obrigada por ter saído da sua história e mostrado a grandeza do seu ser. Sinto-me profundamente honrada por estar nesta jornada com você.

A Luba Bozanich. Seu extraordinário compromisso para transcender a dor e o sofrimento é uma grande inspiração para mim. Obrigada por ser quem você é.

A Bea Bigman. Sua luz e seu amor sempre trouxeram um sorriso à minha face. Obrigada por tudo o que deu à comunidade formada por pessoas a quem amo tanto.

A Neale Donald Walsch, Deepak Chopra e Marianne Williamson, por serem amigos e professores tão maravilhosos e que me dão tanto apoio.

A Divina Infusino, por me dar apoio para que eu me organizasse e por me ajudar a tornar este livro uma realidade. Sua paixão por este trabalho me inspirou.

Ao Rabino Moshe Levin, que tão generosamente compartilhou comigo a sua grande sabedoria. Obrigada pelo amor e pelo apoio que deu a mim e à minha família.

A David Simon e a toda a equipe do The Chopra Center for Well Being. Obrigada pelo seu amor, apoio e devoção no sentido de difundir este trabalho pelo mundo.

A Jeremiah Sullivan, por sempre se mostrar à altura da situação e por captar o melhor de mim. A Robert Bennett, por ser tão perfeccionista. Adorei a minha foto.

A Natalie Snyder e a Tony Fiorentino, por me permitirem chafurdar na minha "história de cabelo" e me amarem mesmo assim. Vocês são dois artistas brilhantes.

A Henrietta Rosenberg. Obrigada por ser uma guru de Yoga tão extraordinária e por estar sempre presente quando eu preciso de você.

Ao Coffee Cup Restaurant e a sua mágica proprietária, Marla Reif, por fornecerem uma comida maravilhosa e um cantinho acolhedor para que eu pudesse rever e corrigir as páginas deste livro.

Às almas generosas e sábias que tão abertamente expuseram suas vidas para que outros pudessem transformar suas histórias. Obrigada pela grande contribuição que deram a este livro.

Ao Espírito que fala comigo, que me orienta, me ama e me torna capaz de exercer o trabalho que faço pelo mundo. Muito obrigada pela sua ajuda. Sinto-me muito honrada por poder ser útil.

Para entrar em contato com Debbie Ford e para informações sobre seus seminários:

Debbie Ford
P.O. Box 8064
La Jolla, CA 92038
800-655-4016
www.debbieford.com

Em afetuosa memória de Paige Farley Hackel,
que teve a coragem de viver fora da sua história.
Você viverá para sempre no coração da sua comunidade
no Ford Institute for Integrative Coaching.